Wer kennt nicht die süßen kleinen Gesellen, die an so vielen Schlüsseln zu finden sind? Kunterbunt, häufig mit einem verschmitzten Lächeln baumeln die kleinen Anhänger am Schlüsselbund und verbreiten gute Laune. Nun gibt es die kleinen Tierchen auch endlich zum Häkeln. Ob Bauernhof, Wald oder Dschungel, aus jedem dieser drei Gefilde erwarten Sie süße kleine Begleiter für unterwegs. Jedes dieser niedlichen Tiere wurde aus dünnem Sticktwist gehäkelt. So werden die kleinen wilden Kerle nicht zu groß und passen gut in jede Tasche. Häkeln Sie einfach los und machen Sie sich und Ihren Lieben eine echte Freude mit den neuen gehäkelten Schlüsseltieren.

Eine Kuh macht Muh

woher kommt die Milch?

GRÖSSE
ca. 5,0 cm

MATERIAL
- Anchor Sticktwist in Weiß (Fb 01), 2 Stränge, in Schwarz (Fb 403), ½ Strang, in Rosa (Fb 23) und Gelb (Fb 290), Reste
- Füllwatte
- Häkelnadel 1,25 mm
- 2 Glaswachsperlen in Schwarz, ø 4 mm
- Schlüsselring

Anleitung

Kopf und Körper

In Weiß 2 Lm anschl und 6 fM in die 2. M von der Nd aus häkeln. Mit 1 Km zur Rd schließen und in Spiral-Rd häkeln.

1. Rd: Jede fM verdoppeln (= 12 fM).
2. Rd: Jede 2. fM verdoppeln (= 18 fM).
3. Rd: Jede 3. fM verdoppeln (= 24 fM).
4. Rd: Jede 4. fM verdoppeln (= 30 fM).
5.-9. Rd: Jeweils 30 fM häkeln.
10. Rd: Jede 4. und 5. fM zusammen abmaschen (= 24 fM).
11. Rd: Jede 3. und 4. fM zusammen abmaschen (= 18 fM).
12. Rd: Jede 2. und 3. fM zusammen abmaschen (= 12 fM).
13. Rd: Immer 2 fM zusammen abmaschen (= 6 fM).
14. Rd: Jede fM verdoppeln (= 12 fM).
15. Rd: Jede 2. fM verdoppeln (= 18 fM).
16.+17. Rd: Jeweils 18 fM häkeln.
18. Rd: Jede 2. und 3. fM zusammen abmaschen (= 12 fM).
19. Rd: Immer 2 fM zusammen abmaschen (= 6 fM).
Das Teil beenden, den Faden mit ca. 10 cm Länge abschneiden. Nun Kopf und Körper mit Füllwatte ausstopfen und anschließend die Öffnung mit Hilfe des Fadens schließen.

Maul

In Rosa 2 Lm anschl und 6 fM in die 2. M von der Nd aus häkeln. Mit 1 Km zur Rd schließen und in Spiral-Rd häkeln.

1. Rd: Jede fM verdoppeln (= 12 fM).
2. Rd: Jede 2. fM verdoppeln (= 18 fM).
3. Rd: 18 fM häkeln.
Das Teil beenden, den Faden mit ca. 10 cm Länge abschneiden. Nun das Maul am Kopf zur Hälfte annähen,

dann mit etwas Füllwatte ausstopfen und die Öffnung schließen.

Ohr (2x)

In Schwarz 2 Lm anschl und 4 fM in die 2. M von der Nd aus häkeln. Mit 1 Km zur Rd schließen und in Spiral-Rd häkeln.

1. Rd: Jede fM verdoppeln (= 8 fM).
2. Rd: 8 fM häkeln.
3. Rd: Jede 2. fM verdoppeln (= 12 fM).
4. Rd: 12 fM häkeln.
5. Rd: Immer 2 fM zusammen abmaschen (= 6 fM).
Das Teil beenden, den Faden mit ca. 10 cm Länge abschneiden. Nun das Ohr flach drücken und mit Hilfe des Fadens am Kopf annähen.
Das 2. Ohr genauso arb und an der anderen Seite des Kopfes annähen.

Horn (2x)

Für das Horn in Gelb 2 Lm anschl und 4 fM in die 2. M von der Nd aus häkeln. Mit 1 Km zur Rd schließen und in Spiral-Rd häkeln.

1. Rd: Jede fM verdoppeln (= 8 fM).
2.+3. Rd: Jeweils 8 fM häkeln.
Das Teil beenden, den Faden mit ca. 10 cm Länge abschneiden. Das Horn mit wenig Füllwatte ausstopfen und am Kopf (neben dem Ohr) mit Hilfe des Fadens annähen.
Das 2. Horn genauso arb und am Kopf annähen.

Großer Fleck

In Schwarz 2 Lm anschl und 5 fM in die 2. M von der Nd aus häkeln. Mit 1 Km zur Rd schließen und in Spiral-Rd häkeln.

1. Rd: Jede fM verdoppeln (= 10 fM).
2. Rd: Jede 2. fM verdoppeln (= 15 fM).

Das Teil beenden, den Faden mit ca. 10 cm Länge abschneiden und den Fleck mit Hilfe des Fadens am Hinterkopf annähen.

Kleiner Fleck

In Schwarz 2 Lm anschl und 5 fM in die 2. M von der Nd aus häkeln. Mit 1 Km zur Rd schließen. In der nächsten Rd jede fM verdoppeln (= 10 fM). Das Teil beenden, den Faden mit ca. 10 cm Länge abschneiden. Nun den kleinen Fleck am vorderen Körper mit Hilfe des Fadens annähen.

Fertigstellen

Die Perlen als Augen annähen und den Schlüsselring am Kopf der Kuh annähen. Für den Schwanz aus Stickgarn in Schwarz eine kleine Kordel drehen und am Hinterteil festnähen. Mund, Nasenlöcher und Augenbrauen mit Stickgarn in Schwarz aufsticken.

Ich glaub', mich liebt ein Pferd

amore mio!

GRÖSSE
Esel ca. 5,5 cm
Pferd ca. 5,5 cm

MATERIAL
ESEL
- Anchor Sticktwist
  in Grau (Fb 398),
  2 Stränge,
  in Weiß (Fb 01) und
  Schwarz (Fb 403),
  Reste
- Häkelnadel 1,25 mm
- Füllwatte
- 2 Glaswachsperlen
  in Schwarz, ø 4 mm
- Schlüsselring

PFERD
- Anchor Sticktwist
  in Braun (Fb 309),
  2 Stränge und in
  Schwarz (Fb 403),
  1 Strang
- Häkelnadel 1,25 mm
- Füllwatte
- 2 Glaswachsperlen
  in Schwarz, ø 4 mm
- Schlüsselring

Esel

Kopf und Körper

In Grau 2 Lm anschl und 6 fM in die 2. M von der Nd aus häkeln. Mit 1 Km zur Rd schließen und in Spiral-Rd häkeln.

1. Rd: Jede fM verdoppeln (= 12 fM).
2. Rd: Jede 2. fM verdoppeln (= 18 fM).
3. Rd: Jede 3. fM verdoppeln (= 24 fM).
4. Rd: Jede 4. fM verdoppeln (= 30 fM).
5.-9. Rd: Jeweils 30 fM häkeln.
10. Rd: Jede 4. und 5. fM zusammen abmaschen (= 24 fM).
11. Rd: Jede 3. und 4. fM zusammen abmaschen (= 18 fM).
12. Rd: Jede 2. und 3. fM zusammen abmaschen (= 12 fM).
13. Rd: Immer 2 fM zusammen abmaschen (= 6 fM).
14. Rd: Jede fM verdoppeln (= 12 fM).
15. Rd: Jede 2. fM verdoppeln (= 18 fM).
16.+17. Rd: Jeweils 18 fM häkeln.
18. Rd: Jede 2. und 3. fM zusammen abmaschen (= 12 fM).
19. Rd: Immer 2 fM zusammen abmaschen (= 6 fM).

Das Teil beenden, den Faden mit ca. 10 cm Länge abschneiden. Nun Kopf und Körper mit Füllwatte ausstopfen. Anschließend die Öffnung mit Hilfe des Fadens schließen.

Ohr (2x)

In Grau 2 Lm anschl und 4 fM in die 2. M von der Nd aus häkeln. Mit 1 Km zur Rd schließen und in Spiral-Rd häkeln.

1. Rd: Jede fM verdoppeln (= 8 fM).
2. Rd: 8 fM häkeln.
3. Rd: Jede 2. fM verdoppeln (= 12 fM).
4.-7. Rd: Jeweils 12 fM häkeln.

Das Teil beenden, den Faden mit ca. 10 cm Länge abschneiden. Nun das Ohr flach drücken und mit Hilfe des Fadens am Kopf annähen.
Das 2. Ohr genauso arb und an der anderen Seite des Kopfes annähen.

Schnauze

In Weiß 2 Lm anschl und 5 fM in die 2. M von der Nd aus häkeln. Mit 1 Km zur Rd schließen und in Spiral-Rd häkeln.

1. Rd: Jede fM verdoppeln (= 10 fM).
2. Rd: Jede 2. fM verdoppeln (= 15 fM).
3.+4. Rd: Jeweils 15 fM häkeln.

Das Teil beenden und den Faden mit ca. 10 cm Länge abschneiden. Nun mit Hilfe des Fadens mittig am Kopf zur Hälfte annähen, mit etwas Füllwatte ausstopfen und anschließend die Öffnung schließen.

Mähne

Für die Mähne in Schwarz 12 Lm und 2 Lm als Ersatz für das 1 hStb anschl. Die Arbeit wenden und 12 hStb häkeln. Das Teil beenden und den Faden mit einer Länge von ca. 10 cm abschneiden. Nun die Mähne am Kopf mit Hilfe des Fadens annähen.

Fertigstellen

Die Perlen als Augen annähen und den Schlüsselring am Kopf des Esels annähen. Für den Schwanz aus Stickgarn in Schwarz eine kleine Kordel drehen und am Hinterteil des Esels annähen. Mund, Nase und Augenbrauen mit Stickgarn in Schwarz aufsticken.

Pferd

Kopf und Körper

In Braun 2 Lm anschl und 6 fM in die 2. M von der Nd aus häkeln. Mit 1 Km zur Rd schließen und in Spiral-Rd häkeln.

1. Rd: Jede fM verdoppeln (= 12 fM).
2. Rd: Jede 2. fM verdoppeln (= 18 fM).
3. Rd: Jede 3. fM verdoppeln (= 24 fM).
4. Rd: Jede 4. fM verdoppeln (= 30 fM).
5.-9. Rd: Jeweils 30 fM häkeln.
10. Rd: Jede 4. und 5. fM zusammen abmaschen (= 24 fM).
11. Rd: Jede 3. und 4. fM zusammen abmaschen (= 18 fM).
12. Rd: Jede 2. und 3. fM zusammen abmaschen (= 12 fM).
13. Rd: Immer 2 fM zusammen abmaschen (= 6 FM).
14. Rd: Jede fM verdoppeln (= 12 fM).

15. Rd: Jede 2. fM verdoppeln (= 18 fM).
16.+17. Rd: Jeweils 18 fM häkeln.
18. Rd: Jede 2. und 3. fM zusammen abmaschen (= 12 fM).
19. Rd: Immer 2 fM zusammen abmaschen (= 6 fM).
Das Teil beenden, den Faden mit ca. 10 cm Länge abschneiden. Nun Kopf und Körper mit Füllwatte ausstopfen und anschließend die Öffnung mit Hilfe des Fadens schließen.

Schnauze

In Braun 2 Lm anschl und 5 fM in die 2. M von der Nd aus häkeln. Mit 1 Km zur Rd schließen und in Spiral-Rd häkeln.

1. Rd: Jede fM verdoppeln (= 10 fM).
2. Rd: Jede 2. fM verdoppeln (= 15 fM).
3.-5. Rd: Jeweils 15 fM häkeln.

Das Teil beenden, den Faden mit ca. 10 cm Länge abschneiden. Die Schnauze mit Hilfe des Fadens zur Hälfte mittig am Kopf annähen, mit etwas Füllwatte ausstopfen und anschließend die Öffnung schließen.

Ohr (2x)

In Braun 2 Lm anschl und 4 fM in die 2. M von der Nd aus häkeln. Mit 1 Km zur Rd schließen und in Spiral-Rd häkeln.

1. Rd: Jede fM verdoppeln (= 8 fM).
2. Rd: 8 fM häkeln.
3. Rd: Jede 2. fM verdoppeln (= 12 fM).
4.+5. Rd: Jeweils 12 fM häkeln.

Das Teil beenden, den Faden mit ca. 10 cm Länge abschneiden. Nun das Ohr flach drücken und mit Hilfe des Fadens am Kopf annähen. Das 2. Ohr genauso arb und an der anderen Seite des Kopfes annähen.

Fertigstellen

Für die Mähne 4 Fäden Stickgarn in Schwarz mit einer Länge von ca. 5 cm am Hinterkopf mit der Häkelnd einknüpfen. Den Vorgang noch 2x wiederholen. Danach die Mähne etwas kürzen, damit alles gerade ist. Mit einer kleinen Bürste das Garn etwas durchbürsten. Den Pferdeschwanz wie die Mähne herstellen, jedoch am Hinterteil des Pferdes anbringen. Die Perlen als Augen annähen und den Schlüsselring am Kopf annähen. Mit Stickgarn in Schwarz Mund, Nasenlöcher und Augenbrauen aufsticken.

Hahn liebt Hühnchen

was für ein Gegacker!

GRÖSSE
Hahn ca. 5,0 cm
Huhn ca. 4,5 cm

MATERIAL
HAHN
- Anchor Sticktwist
  in Weiß (Fb 01),
  1½ Stränge, in Rot
  (Fb 334), ½ Strang
  und in Schwarz
  (Fb 403), Rest
- Häkelnadel 1,25 mm
- Füllwatte
- 2 Glaswachsperlen
  in Schwarz, ø 4 mm
- Schlüsselring

HUHN
- Anchor Sticktwist
  in Weiß (Fb 01),
  1½ Stränge, in Rot
  (Fb 334), ½ Strang
  und in Schwarz
  (Fb 403), Rest
- Häkelnadel 1,25 mm
- Füllwatte
- 2 Glaswachsperlen
  in Schwarz, ø 4 mm
- Schlüsselring

Hahn

Kopf und Körper

In Weiß 2 Lm anschl und 6 fM in die 2. fM von der Nd aus häkeln. Mit 1 Km zur Rd schließen und in Spiral-Rd häkeln.

1. Rd: Jede fM verdoppeln (= 12 fM).
2. Rd: Jede 2. fM verdoppeln (= 18 fM).
3. Rd: Jede 3. fM verdoppeln (= 24 fM).
4. Rd: Jede 4. fM verdoppeln (= 30 fM).
5.-9. Rd: Jeweils 30 fM häkeln.
10. Rd: Jede 4. und 5. fM zusammen abmaschen (= 24 fM).
11. Rd: Jede 3. und 4. fM zusammen abmaschen (= 18 fM).
12. Rd: Jede 2. und 3. fM zusammen abmaschen (= 12 fM).
13. Rd: Immer 2 fM zusammen abmaschen (= 6 fM).
14. Rd: Jede fM verdoppeln (= 12 fM).
15. Rd: Jede 2. fM verdoppeln (= 18 fM).
16.+17. Rd: Jeweils 18 fM häkeln.
18. Rd: Jede 2. und 3. fM zusammen abmaschen (= 12 fM).
19. Rd: Immer 2 fM zusammen abmaschen (= 6 fM).
Das Teil beenden, den Faden mit ca. 10 cm Länge abschneiden. Nun Kopf und Körper mit Füllwatte ausstopfen und die Öffnung anschließend mit Hilfe des Fadens schließen.

Flügel (2x)

In Weiß 2 Lm anschl und 5 fM in die 2. M von der Nd aus häkeln. Mit 1 Km zur Rd schließen und in Spiral-Rd häkeln.
1. Rd: Jede fM verdoppeln (= 10 fM).
2.+3. Rd: Jeweils 10 fM häkeln.
4. Rd: Immer 2 fM zusammen abmaschen (= 5 fM).

Das Teil beenden, den Faden mit ca. 10 cm Länge abschneiden. Nun den Flügel flach drücken und mit Hilfe des Fadens seitlich am Körper annähen.
Den 2. Flügel genauso arb und an der anderen Seite des Körpers annähen.

Schnabel

In Rot 2 Lm anschl und 4 fM in die 2. M von der Nd aus häkeln. Mit 1 Km zur Rd schließen und in Spiral-Rd häkeln.
1. Rd: Jede fM verdoppeln (= 8 fM).
2. Rd: 8 fM häkeln.
Das Teil beenden, den Faden mit ca. 10 cm Länge abschneiden. Nun den Schnabel etwas mit Füllwatte ausstopfen und mit Hilfe des Faden mittig am Kopf des Hahns annähen.

Kehllappen (2x)

In Rot 2 Lm anschl und 6 fM in die 2. M von der Nd aus häkeln. Mit 1 Km zur Rd schließen.
Das Teil beenden, den Faden mit ca. 10 cm Länge abschneiden. Den Lappen mit Hilfe des Fadens unterhalb des Schnabels annähen.
Den 2. Kehllappen genauso arb und annähen.

Kamm

In Rot am Kopf des Hahns neu anschlingen und 5 fM häkeln. Wenden, 3 Lm als Ersatz für das 1. Stb häkeln und 2 weitere Stb in die 1. fM von der Nd aus arb. In die folgenden M jeweils 1 fM häkeln und mit 1 Km enden. Den Faden abschneiden und gut vernähen.

Schwanz

In Rot am Hinterteil des Hahns neu anschlingen und 10 Lm und 1 Wende-Lm arb. Die Arbeit wenden und 10 fM häkeln. Mit 1 Km in die gleiche Stelle, an der angeschlingt wurde, schließen und erneut eine Lm-Kette mit 12 Lm und 1 Wende-Lm häkeln. Wenden und 12 fM arb. Wieder mit 1 Km schließen. Noch eine Lm-Kette mit 15 Lm und 1 Wende-Lm arb. Wenden und 15 fM zurückhäkeln.
Das Teil beenden und den Faden gut vernähen.

Fertigstellen

Die Perlen als Augen annähen und den Schlüsselring am Kopf annähen. Augenbrauen mit Stickgarn in Schwarz aufsticken.

Huhn
Kopf und Körper

In Weiß 2 Lm anschl und 6 fM in die 2. M von der Nd aus häkeln. Mit 1 Km zur Rd schließen und in Spiral-Rd häkeln.
1. Rd: Jede fM verdoppeln (= 12 fM).
2. Rd: Jede 2. fM verdoppeln (= 18 fM).
3. Rd: Jede 3. fM verdoppeln (= 24 fM).
4. Rd: Jede 4. fM verdoppeln (= 30 fM).
5.-9. Rd: Jeweils 30 fM häkeln.
10. Rd: Jede 4. und 5. fM zusammen abmaschen (= 24 fM).
11. Rd: Jede 3. und 4. fM zusammen abmaschen (= 18 fM).
12. Rd: Jede 2. und 3. fM zusammen abmaschen (= 12 fM).

13. Rd: Immer 2 fM zusammen abmaschen (= 6 fM).
14. Rd: Jede fM verdoppeln (= 12 fM).
15. Rd: Jede 2. fM verdoppeln (= 18 fM).
16.+17. Rd: Jeweils 18 fM häkeln.
18. Rd: Jede 2. und 3. fM zusammen abmaschen (= 12 fM).
19. Rd: Immer 2 fM zusammen abmaschen (= 6 fM).
Das Teil beenden, den Faden mit ca. 10 cm Länge abschneiden. Nun Kopf und Körper mit Füllwatte ausstopfen und die Öffnung anschließend mit Hilfe des Fadens schließen.

Flügel (2x)

In Weiß 2 Lm anschl und 5 fM in die 2. M von der Nd aus häkeln. Mit 1 Km zur Rd schließen und in Spiral-Rd häkeln.
1. Rd: Jede fM verdoppeln (= 10 fM).
2.+3. Rd: Jeweils 10 fM häkeln.
4. Rd: Immer 2 fM zusammen abmaschen (= 5 fM).
Das Teil beenden, den Faden mit ca. 10 cm Länge abschneiden. Nun den Flügel flach aufeinander legen und mit Hilfe des Fadens seitlich am Körper annähen.
Der 2. Flügel wird genauso gearbeitet und an der anderen Seite des Körpers angenäht.

Schnabel

In Rot 2 Lm anschl und 4 fM in die 2. M von der Nd aus häkeln. Mit 1 Km zur Rd schließen und in Spiral-Rd häkeln.

1. Rd: Jede fM verdoppeln (= 8 fM).
2. Rd: 8 fM häkeln.
Das Teil beenden, den Faden mit ca. 10 cm Länge abschneiden. Nun den Schnabel etwas mit Füllwatte ausstopfen und mit Hilfe des Faden mittig am Kopf des Huhns annähen.

Kehllappen

In Rot 2 Lm anschl und 6 fM in die 2. M von der Nd aus häkeln. Mit 1 Km zur Rd schließen.
Das Teil beenden, den Faden mit ca. 10 cm Länge abschneiden. Den Lappen mit Hilfe des Fadens unterhalb des Schnabels annähen.

Schwanz

In Weiß 2 Lm und 1 Wende-Lm anschl. Wenden und jede M verdoppeln (= 4 fM). Nun 2 R mit jeweils 4 fM häkeln und zum Schluss alles mit fM umhäkeln.
Die Arbeit beenden, Faden mit ca. 10 cm Länge abschneiden. Nun den Schwanz am Hinterteil des Huhns mit Hilfe des Fadens annähen.

Fertigstellen

Die Perlen als Augen annähen und den Schlüsselring am Kopf annähen. Augenbrauen mit Stickgarn in Schwarz aufsticken.

Schwein gehabt

einfach saumäßig gut

G R Ö S S E
ca. 5,5 cm

M A T E R I A L
- Anchor Sticktwist in Rosa (Fb 23), 2 Stränge und in Schwarz (Fb 403), Rest
- Häkelnadel 1,25 mm
- Füllwatte
- 2 Glaswachsperlen in Schwarz, ø 4 mm
- Schlüsselring

Anleitung

Kopf und Körper

In Rosa 2 Lm anschl und 6 fM in die 2. M von der Nd aus häkeln. Mit 1 Km zur Rd schließen und in Spiral-Rd häkeln.
1. Rd: Jede fM verdoppeln (= 12 fM).
2. Rd: Jede 2. fM verdoppeln (= 18 fM).
3. Rd: Jede 3. fM verdoppeln (= 24 fM).
4. Rd: Jede 4. fM verdoppeln (= 30 fM).
5.-9. Rd: Jeweils 30 fM häkeln.
10. Rd: Jede 4. und 5. fM zusammen abmaschen (= 24 fM).
11. Rd: Jede 3. und 4. fM zusammen abmaschen (= 18 fM).
12. Rd: Jede 2. und 3. fM zusammen abmaschen (= 12 fM).
13. Rd: Immer 2 fM zusammen abmaschen (= 6 fM).
14. Rd: Jede fM verdoppeln (= 12 fM).
15. Rd: Jede 2. fM verdoppeln (= 18 fM).
16.+17. Rd: Jeweils 18 fM häkeln.
18. Rd: Jede 2. und 3. fM zusammen abmaschen (= 12 fM).
19. Rd: Immer 2 fM zusammen abmaschen (= 6 fM).
Das Teil beenden, den Faden mit ca. 10 cm Länge abschneiden. Nun Kopf und Körper mit Füllwatte ausstopfen und die Öffnung anschließend mit Hilfe des Fadens schließen.

Rüssel

In Rosa 2 Lm anschl und 5 fM in die 2. M von der Nd aus häkeln. Mit 1 Km zur Rd schließen und in Spiral-Rd häkeln.
1. Rd: Jede fM verdoppeln (= 10 fM).
2.+3. Rd: Jeweils 10 fM häkeln.
Das Teil beenden, den Faden mit ca. 10 cm Länge abschneiden. Nun den Rüssel zur Hälfte am Kopf annähen, dann mit etwas Füllwatte ausstopfen und die Öffnung schließen.

Ohr (2x)

In Rosa 1 Lm und 1 Wende-Lm anschl. Wenden, 2 fM in die 1. fM arb. 1 Wende-Lm arb und jede fM der Vor-R verdoppeln (= 4 fM). Nun 4 R mit jeweils 4 fM arb. Zum Schluss das Ohr mit fM umhäkeln. Das Teil beenden, den Faden mit ca. 10 cm Länge abschneiden. Nun das Ohr am Kopf annähen.
Das 2. Ohr genauso arb und an der anderen Seite des Kopfes annähen.

Schwanz

In Rosa 8 Lm und 1 Wende-Lm anschl. Die Arbeit wenden und 8 fM häkeln. Das Teil beenden, den Faden mit ca. 10 cm Länge abschneiden. Nun mit Hilfe des Faden das Schwänzchen am Hinterteil des Schweins annähen.

Fertigstellen

Die Perlen als Augen annähen und den Schlüsselring am Kopf annähen. Mund, Nasenlöcher und Augenbrauen mit Stickgarn in Schwarz aufsticken.

Wer wirft Waldis Knochen?

ein echter Knochen-Job

GRÖSSE
ca. 5,0 cm

MATERIAL

- Anchor Sticktwist in Braun (Fb 309), 2½ Stränge, in Weiß (Fb 01), ½ Strang und in Schwarz (Fb 403), Rest
- Häkelnadel 1,25 mm
- Füllwatte
- Pompon in Schwarz, ø 7 mm
- 2 Glaswachsperlen in Schwarz, ø 4 mm
- Schlüsselring

Anleitung

Kopf und Körper

In Braun 2 Lm anschl und 6 fM in die 2. M von der Nd aus häkeln. Mit 1 Km zur Rd schließen und in Spiral-Rd häkeln.

1. Rd: Jede fM verdoppeln (= 12 fM).
2. Rd: Jede 2. fM verdoppeln (= 18 fM).
3. Rd: Jede 3. fM verdoppeln (= 24 fM).
4. Rd: Jede 4. fM verdoppeln (= 30 fM).
5.-9. Rd: Jeweils 30 fM häkeln.
10. Rd: Jede 4. und 5. fM zusammen abmaschen (= 24 fM).
11. Rd: Jede 3. und 4. fM zusammen abmaschen (= 18 fM).
12. Rd: Jede 2. und 3. fM zusammen abmaschen (= 12 fM).
13. Rd: Immer 2 fM zusammen abmaschen (= 6 fM).
14. Rd: Jede fM verdoppeln (= 12 fM).
15. Rd: Jede 2. fM verdoppeln (= 18 fM).
16.+17. Rd: Jeweils 18 fM häkeln.
18. Rd: Jede 2. und 3. fM zusammen abmaschen (= 12 fM).
19. Rd: Immer 2 fM zusammen abmaschen (= 6 fM).
Das Teil beenden, den Faden mit ca. 10 cm Länge abschneiden. Nun Kopf und Körper mit Füllwatte ausstopfen und die Öffnung anschließend mit Hilfe des Fadens schließen.

Schnauze

In Braun 2 Lm anschl und 4 fM in die 2. M von der Nd aus häkeln. Mit 1 Km zur Rd schließen und in Spiral-Rd häkeln.
1. Rd: Jede fM verdoppeln (= 8 fM).
2. Rd: Jede 2. fM verdoppeln (= 12 fM).
3.+4. Rd: Jeweils 12 fM häkeln.
Das Teil beenden, den Faden mit ca. 10 cm Länge abschneiden und die Schnauze mit Hilfe des Fadens zur Hälfte mittig am Kopf annähen. Mit etwas Füllwatte ausstopfen und die Öffnung komplett schließen.

Ohr (2x)

In Braun 2 Lm anschl und 5 fM in die 2. M von der Nd aus häkeln. Mit 1 Km zur Rd schließen und in Spiral-Rd häkeln.
1. Rd: Jede fM verdoppeln (= 10 fM).
2. Rd: Jede 2. fM verdoppeln (= 15 fM).
3. Rd: Jede 3. fM verdoppeln (= 20 fM).
4.+5. Rd: Jeweils 20 fM häkeln.
6. Rd: Jede 3. und 4. fM zusammen abmaschen (= 15 fM).
7. Rd: 15 fM häkeln.
8. Rd: Jede 2. und 3. fM zusammen abmaschen (= 10 fM).
9. Rd: 10 fM häkeln.
Das Teil beenden, den Faden mit ca. 10 cm Länge abschneiden. Nun das Ohr flach drücken und mit Hilfe des Fadens am Kopf annähen.
Das 2. Ohr genauso arb und an der anderen Seite des Kopfes annähen.

Schwanz

In Braun 2 Lm anschl und 4 fM in die 2. M von der Nd aus häkeln. Mit 1 Km zur Rd schließen und in Spiral-Rd häkeln.
1. Rd: Jede fM verdoppeln (= 8 fM).
2.-4. Rd: Jeweils 8 fM häkeln.
Das Teil beenden, den Faden mit ca. 10 cm Länge abschneiden. Nun den Schwanz mit etwas Füllwatte ausstopfen und mit Hilfe des Fadens am Hinterteil des Hundes annähen.

Augenfleck

In Weiß 2 Lm anschl und 6 fM in die 2. M von der Nd aus häkeln. Mit 1 Km zur Rd schließen. Das Teil beenden, den Faden mit ca. 10 cm Länge anschneiden und den Fleck mit Hilfe des Fadens am Kopf direkt neben der Schnauze annähen.

Fleck am Kopf

In Weiß 2 Lm anschl und 5 fM in die 2. M von der Nd aus häkeln. Mit 1 Km zur Rd schließen und in Spiral-Rd häkeln.
1. Rd: Jede fM verdoppeln (= 10 fM).
2. Rd: Jede 2. fM verdoppeln (= 15 fM).
Das Teil beenden, den Faden mit ca. 10 cm Länge abschneiden. Den Fleck am Hinterkopf annähen.

Bauchfleck

In Weiß 2 Lm anschl und 5 fM in die 2. M von der Nd aus häkeln. Mit 1 Km zur Rd schließen. Das Teil beenden, den Faden mit ca. 10 cm Länge abschneiden. Den Fleck mittig am Bauch annähen.

Fertigstellen

Die Perlen als Augen annähen und den Schlüsselring am Kopf annähen. Augenbrauen mit Stickgarn in Schwarz aufsticken und den Pompon als Nase annähen.

Mäuschen spielt mit Kätzchen

in die Falle gegangen

G R Ö S S E

Katze ca. 5,0 cm

Maus ca. 5,0 cm

M A T E R I A L

K A T Z E

- Anchor Sticktwist in Grau (Fb 398), 2 Stränge, in Weiß (Fb 01), Rosa (Fb 23) und Schwarz (Fb 403), Reste
- Häkelnadel 1,25 mm
- Füllwatte
- 2 Glaswachsperlen in Schwarz, ø 4 mm
- Schlüsselring

M A U S

- Anchor Sticktwist in Weiß (Fb 01), 2 Stränge, in Rosa (Fb 23) und Schwarz (Fb 403), Reste
- Häkelnadel 1,25 mm
- Füllwatte
- 2 Glaswachsperlen in Schwarz, ø 4 mm
- Schlüsselring

Katze

Kopf und Körper

In Grau 2 Lm anschl und 6 fM in die 2. M von der Nd aus häkeln. Mit 1 Km zur Rd schließen und in Spiral-Rd häkeln.

1. Rd: Jede fM verdoppeln (= 12 fM).
2. Rd: Jede 2. fM verdoppeln (= 18 fM).
3. Rd: Jede 3. fM verdoppeln (= 24 fM).
4. Rd: Jede 4. fM verdoppeln (= 30 fM).
5.-9. Rd: Jeweils 30 fM häkeln.
10. Rd: Jede 4. und 5. fM zusammen abmaschen (= 24 fM).
11. Rd: Jede 3. und 4. fM zusammen abmaschen (= 18 fM).
12. Rd: Jede 2. und 3. fM zusammen abmaschen (= 12 fM).
13. Rd: Immer 2 fM zusammen abmaschen (= 6 fM).
14. Rd: Jede fM verdoppeln (= 12 fM).
15. Rd: Jede 2. fM verdoppeln (= 18 fM).
16.+17. Rd: Jeweils 18 fM häkeln.
18. Rd: Jede 2. und 3. fM zusammen abmaschen (= 12 fM).
19. Rd: Immer 2 fM zusammen abmaschen (= 6 fM).

Das Teil beenden, den Faden mit ca. 10 cm Länge abschneiden. Nun Kopf und Körper mit Füllwatte ausstopfen und die Öffnung anschließend mit Hilfe des Fadens schließen.

Ohr (2x)

In Grau 2 Lm anschl und 4 fM in die 2. M von der Nd aus häkeln. Mit 1 Km zur Rd schließen und in Spiral-Rd häkeln.

1. Rd: Jede fM verdoppeln (= 8 fM).
2. Rd: 8 fM häkeln.
3. Rd: Jede 2. fM verdoppeln (= 12 fM).
4. Rd: Jede 3. fM verdoppeln (= 16 fM).

Nun das Ohr flach drücken und mit Hilfe des Fadens am Kopf annähen.

Das 2. Ohr genauso arb und an der anderen Seite des Kopfes annähen.

Schnauze

In Weiß 2 Lm anschl und 5 fM in die 2. M von der Nd aus häkeln. Mit 1 Km zur Rd schließen und in Spiral-Rd häkeln.

1. Rd: Jede fM verdoppeln (= 10 fM).
2. Rd: 10 fM häkeln.

Das Teil beenden, den Faden mit ca. 10 cm Länge abschneiden und die Schnauze mit Hilfe des Fadens zur Hälfte am Kopf annähen. Mit etwas Füllwatte ausstopfen und die Öffnung schließen.

Schwanz

In Grau 2 Lm anschl und 5 fM in die 2. M von der Nd aus häkeln. Mit 1 Km zur Rd schließen und in Spiral-Rd häkeln.

1. Rd: Jede fM verdoppeln (= 10 fM).
2.-11. Rd: Jeweils 10 fM häkeln.

Das Teil beenden, den Faden mit ca. 10 cm Länge abschneiden. Den Schwanz mit etwas Füllwatte ausstopfen und mit Hilfe des Fadens am Hinterteil der Katze annähen.

Fertigstellen

Die Perlen als Augen annähen und den Schlüsselring am Kopf annähen. Augenbrauen und Mund mit Stickgarn in Schwarz, die Nase mit Stickgarn in Rosa aufsticken.

catch
ME !

Maus

Kopf und Körper

In Weiß 2 Lm anschl und 6 fM in die
2. M von der Nd aus häkeln. Mit
1 Km zur Rd schließen und in Spiral-
Rd häkeln.
1. Rd: Jede fM verdoppeln (= 12 fM).
2. Rd: Jede 2. fM verdoppeln (= 18 fM).
3. Rd: Jede 3. fM verdoppeln (= 24 fM).
4. Rd: Jede 4. fM verdoppeln (= 30 fM).
5.-9. Rd: Jeweils 30 fM häkeln.
10. Rd: Jede 4. und 5. fM zusammen
abmaschen (= 24 fM).
11. Rd: Jede 3. und 4. fM zusammen
abmaschen (= 18 fM).
12. Rd: Jede 2. und 3. fM zusammen
abmaschen (= 12 fM).
13. Rd: Immer 2 fM zusammen abmaschen (= 6 fM).

14. Rd: Jede fM verdoppeln (= 12 fM).
15. Rd: Jede 2. fM verdoppeln (= 18 fM).
16.+17. Rd: Jeweils 18 fM häkeln.
18. Rd: Jede 2. und 3. fM zusammen
abmaschen (= 12 fM).
19. Rd: Immer 2 fM zusammen abmaschen (= 6 fM).
Das Teil beenden, den Faden mit ca.
10 cm Länge abschneiden. Nun Kopf
und Körper mit Füllwatte ausstopfen
und die Öffnung anschließend mit
Hilfe des Fadens schließen.

Ohr (2x)

In Weiß 2 Lm anschl und 5 fM in die
2. M von der Nd aus häkeln. Mit 1 Km
zur Rd schließen und in Spiral-Rd häkeln.
1. Rd: Jede fM verdoppeln (= 10 fM).
2. Rd: Jede 2. fM verdoppeln (= 15 fM).
3.-5. Rd: Jeweils 15 fM häkeln.
6. Rd: Jede 2. und 3. fM zusammen
abmaschen (= 10 fM).
Das Teil beenden, den Faden mit ca.
10 cm Länge abschneiden. Nun das
Ohr flach drücken und mit Hilfe des
Fadens am Kopf annähen.
Das 2. Ohr genauso arb und an der
anderen Seite des Kopfes annähen.

Schnauze

In Weiß 2 Lm anschl und 4 fM in die
2. M von der Nd aus häkeln. Mit
1 Km zur Rd schließen und in Spiral-
Rd häkeln.
1. Rd: Jede fM verdoppeln (= 8 fM).
2. Rd: Jede 2. fM verdoppeln (= 12 fM).
3. Rd: 12 fM häkeln.
Das Teil beenden, den Faden mit ca.
10 cm Länge abschneiden. Die Schnauze mit Hilfe des Fadens zur Hälfte mittig am Kopf annähen, mit etwas Füllwatte ausstopfen und die Öffnung
komplett schließen.

Fertigstellen

Die Perlen als Augen annähen und
den Schlüsselring am Kopf annähen.
Augenbrauen und Mund mit Stickgarn
in Schwarz, die Nase mit Stickgarn in
Rosa aufsticken.

Hopp, hopp, hurra – ein Hase

Party-Häschen im Konfetti-Regen

Anleitung

Kopf und Körper

In Weiß 2 Lm anschl und 6 fM in die 2. M von der Nd aus häkeln. Mit 1 Km zur Rd schließen und in Spiral-Rd häkeln.

1. Rd: Jede fM verdoppeln (= 12 fM).
2. Rd: Jede 2. fM verdoppeln (= 18 fM).
3. Rd: Jede 3. fM verdoppeln (= 24 fM).
4. Rd: Jede 4. fM verdoppeln (= 30 fM).
5.-9. Rd: Jeweils 30 fM häkeln.
10. Rd: Jede 4. und 5. fM zusammen abmaschen (= 24 fM).
11. Rd: Jede 3. und 4. fM zusammen abmaschen (= 18 fM).
12. Rd: Jede 2. und 3. fM zusammen abmaschen (= 12 fM).
13. Rd: Immer 2 fM zusammen abmaschen (= 6 fM).
14. Rd (Braun): Jede fM verdoppeln (= 12 fM).
15. Rd: Jede 2. fM verdoppeln (= 18 fM).
16.+17. Rd: Jeweils 18 fM häkeln.
18. Rd: Jede 2. und 3. fM zusammen abmaschen (= 12 fM).
19. Rd: Immer 2 fM zusammen abmaschen (= 6 fM).

Das Teil beenden, den Faden mit ca. 10 cm Länge abschneiden. Nun Kopf und Körper mit Füllwatte ausstopfen. Die Öffnung mit Hilfe des Fadens schließen.

Ohr (2x)

In Braun 2 Lm anschl und 5 fM in die 2. M von der Nd aus häkeln. Mit 1 Km zur Rd schließen und in Spiral-Rd häkeln.

1. Rd: Jede fM verdoppeln (= 10 fM).
2. Rd: Jede 2. fM verdoppeln (= 15 fM).
3. Rd: 15 fM häkeln.
4. Rd: Jede 2. und 3. fM zusammen abmaschen (= 10 fM).
5.+6. Rd: Jeweils 10 fM häkeln.

Das Teil beenden, den Faden mit ca. 10 cm Länge abschneiden. Nun das Ohr flach drücken und mit Hilfe des Fadens am Kopf annähen.

Das 2. Ohr genauso arb und an der anderen Seite des Kopfes annähen.

Fertigstellen

Die Perlen als Augen annähen und den Schlüsselring am Kopf annähen. Den weißen Pompon als Schwänzchen am Hinterteil annähen. Das Näschen mit Stickgarn in Rosa, Augen und Mund mit Stickgarn in Schwarz aufsticken.

GRÖSSE
ca. 5,5 cm

MATERIAL
- Anchor Sticktwist in Weiß (Fb 01) und Braun (Fb 309), je 1 Strang, in Rosa (Fb 23) und Schwarz (Fb 403), Reste
- Häkelnadel 1,25 mm
- Füllwatte
- Pompon in Weiß, ø 7 mm
- 2 Glaswachsperlen in Schwarz, ø 4 mm
- Schlüsselring

Furchtsamer Fuchs

ganz vorsichtig mit den Gänsen

GRÖSSE
ca. 4,0 cm

MATERIAL
• Anchor Stick-
  twist in Terra-
  kotta (Fb 1048),
  1½ Stränge, in
  Weiß (Fb 01) und
  Schwarz (Fb 403),
  Reste
• Häkelnadel
  1,25 mm
• Füllwatte
• 2 Glaswachs-
  perlen in
  Schwarz, ø 4 mm
• Schlüsselring

Anleitung

Kopf und Körper

In Terrakotta 2 Lm anschl und 6 fM in die 2. M von der Nd aus häkeln. Mit 1 Km zur Rd schließen und in Spiral-Rd häkeln.
1. Rd: Jede fM verdoppeln (= 12 fM).
2. Rd: Jede 2. fM verdoppeln (= 18 fM).
3. Rd: Jede 3. fM verdoppeln (= 24 fM).
4. Rd: Jede 4. fM verdoppeln (= 30 fM).
5.-9. Rd: Jeweils 30 fM häkeln.
10. Rd: Jede 4. und 5. fM zusammen abmaschen (= 24 fM).
11. Rd: Jede 3. und 4. fM zusammen abmaschen (= 18 fM).
12. Rd: Jede 2. und 3. fM zusammen abmaschen (= 12 fM).
13. Rd: Immer 2 fM zusammen abmaschen (= 6 fM).
14. Rd: Jede fM verdoppeln (= 12 fM).
15. Rd: Jede 2. fM verdoppeln (= 18 fM).
16.+17. Rd: Jeweils 18 fM häkeln.
18. Rd: Jede 2. und 3. fM zusammen abmaschen (= 12 fM).
19. Rd: Immer 2 fM zusammen abmaschen (= 6 fM).
Das Teil beenden, den Faden mit ca. 10 cm Länge abschneiden. Nun Kopf und Körper mit Füllwatte ausstopfen und anschließend die Öffnung mit Hilfe des Fadens schließen.

Schnauze

In Terrakotta 2 Lm anschl und 4 fM in die 2. M von der Nd aus häkeln. Mit 1 Km zur Rd schließen und in Spiral-Rd häkeln.
1. Rd: Jede fM verdoppeln (= 8 fM).
2. Rd: 8 fM häkeln.
3. Rd: Jede 2. fM verdoppeln (= 12 fM).
Das Teil beenden, den Faden mit ca. 10 cm Länge abschneiden. Nun die Schnauze mit etwas Füllwatte ausstopfen und mit Hilfe des Fadens mittig am Kopf annähen.

Bauchfleck

In Weiß 2 Lm anschl und 5 fM in die 2. M von der Nd aus häkeln. Mit 1 Km zur Rd schließen. In der nächsten Rd jede fM verdoppeln (= 10 fM). Das Teil beenden, den Faden mit ca. 10 cm Länge abschneiden. Den Bauchfleck mittig am Körper des Fuchses annähen.

Ohr (2x)

In Terrakotta 1 Lm und 1 Wende-Lm anschl. Die Arbeit wenden und 2 fM in die Anfangs-Lm häkeln. 1 Wende-Lm häkeln und jede M verdoppeln (= 4 fM). 1 Wende-Lm arb und 2 fM in die 1. fM der Vor-R, je 1 fM in die folgenden 2 fM und in die letzte fM wieder 2 fM häkeln (= 6 fM). 1 Wende-Lm und 6 fM häkeln. Das Ohr mit fM umhäkeln.
Das Teil beenden, den Faden mit ca. 10 cm Länge abschneiden. Das Ohr am Kopf annähen. Das 2. Ohr genauso arb und ebenfalls am Kopf annähen.

Schwanz

In Weiß 2 Lm anschl und 4 fM in die 2. M von der Nd aus häkeln. Mit 1 Km zur Rd schließen und in Spiral-Rd häkeln.
1. Rd: Jede fM verdoppeln (= 8 fM).
2. Rd: 8 fM häkeln.
3. Rd (Terrakotta): Jede 2. fM verdoppeln (= 12 fM).
4.+5. Rd: Jeweils 12 fM häkeln.
6. Rd: Immer 2 fM zusammen abmaschen (= 6 fM).
Das Teil beenden, den Faden mit ca. 10 cm Länge abschneiden. Nun den Schwanz mit etwas Füllwatte ausstopfen und mit Hilfe des Fadens am Hinterteil des Fuchses annähen.

Fertigstellen

Die Perlen als Augen annähen und den Schlüsselring am Kopf annähen. Augenbrauen und Nase mit Stickgarn in Schwarz aufsticken.

Komm her, Kuschel-Bär

mit Bären-Kräften

GRÖSSE
ca. 4,0 cm

MATERIAL
- Anchor Sticktwist in Braun (Fb 309), 1½ Stränge, in Hellbraun (Fb 363) und Schwarz (Fb 403), Reste
- Häkelnadel 1,25 mm
- Füllwatte
- 2 Glaswachsperlen in Schwarz, ø 4 mm
- Schlüsselring

Anleitung

Kopf und Körper

In Braun 2 Lm anschl und 6 fM in die 2. M von der Nd aus häkeln. Mit 1 Km zur Rd schließen und in Spiral-Rd häkeln.

1. Rd: Jede fM verdoppeln (= 12 fM).
2. Rd: Jede 2. fM verdoppeln (= 18 fM).
3. Rd: Jede 3. fM verdoppeln (= 24 fM).
4. Rd: Jede 4. fM verdoppeln (= 30 fM).
5.-9. Rd: Jeweils 30 fM häkeln.
10. Rd: Jede 4. und 5. fM zusammen abmaschen (= 24 fM).
11. Rd: Jede 3. und 4. fM zusammen abmaschen (= 18 fM).
12. Rd: Jede 2. und 3. fM zusammen abmaschen (= 12 fM).
13. Rd: Immer 2 fM zusammen abmaschen (= 6 fM).
14. Rd: Jede fM verdoppeln (= 12 fM).
15. Rd: Jede 2. fM verdoppeln (= 18 fM).
16.+17. Rd: Jeweils 18 fM häkeln.
18. Rd: Jede 2. und 3. fM zusammen abmaschen (= 12 fM).
19. Rd: Immer 2 fM zusammen abmaschen (= 6 fM).

Das Teil beenden, den Faden mit ca. 10 cm Länge abschneiden. Nun Kopf und Körper mit Füllwatte ausstopfen und anschließend die Öffnung mit Hilfe des Fadens schließen.

Schnauze

In Hellbraun 2 Lm anschl und 6 fM in die 2. M von der Nd aus häkeln. Mit 1 Km zur Rd schließen und in Spiral-Rd häkeln.

1. Rd: Jede fM verdoppeln (= 12 fM).
2. Rd: 12 fM häkeln.

Das Teil beenden, den Faden mit ca. 10 cm Länge abschneiden. Nun die Schnauze mit etwas Füllwatte ausstopfen und mit Hilfe des Fadens mittig am Kopf des Bären annähen.

Ohr (2x)

In Braun 2 Lm anschl und 5 fM in die 2. M von der Nd aus häkeln. Mit 1 Km zur Rd schließen und in Spiral-Rd häkeln.

1. Rd: Jede fM verdoppeln (= 10 fM).
2. Rd: 10 fM häkeln.

Das Teil beenden, den Faden mit ca. 10 cm Länge abschneiden. Nun das Ohr flach drücken und mit Hilfe des Fadens am Kopf annähen.

Das 2. Ohr genauso arb und an der anderen Seite des Kopfes annähen.

Fertigstellen

Die Perlen als Augen annähen und den Schlüsselring am Kopf annähen. Mund, Nase und Augenbrauen mit Stickgarn in Schwarz aufsticken.

Ein Igel für Wind und Wetter

gar nicht so stachelig

GRÖSSE
ca. 4,5 cm

MATERIAL
- Anchor Sticktwist in Dunkelbraun (Fb 360), 1½ Stränge, in Beige (Fb 372), ½ Strang und in Schwarz (Fb 403), Rest
- Häkelnadel 1,25 mm
- Füllwatte
- 2 Glaswachsperlen in Schwarz, ø 4 mm
- Schlüsselring
- Pompon in Schwarz, ø 7 mm

Anleitung

Kopf und Körper

In Dunkelbraun 2 Lm anschl und 6 fM in die 2. M von der Nd aus häkeln. Mit 1 Km zur Rd schließen und in Spiral-Rd häkeln.
1. Rd: Jede fM verdoppeln (= 12 fM).
2. Rd: Jede 2. fM verdoppeln (= 18 fM).
3. Rd: Jede 3. fM verdoppeln (= 24 fM).
4. Rd: Jede 4. fM verdoppeln (= 30 fM).
5.-9. Rd: Jeweils 30 fM häkeln.
10. Rd: Jede 4. und 5. fM zusammen abmaschen (= 24 fM).
11. Rd: Jede 3. und 4. fM zusammen abmaschen (= 18 fM).
12. Rd: Jede 2. und 3. fM zusammen abmaschen (= 12 fM).
13. Rd: Immer 2 fM zusammen abmaschen (= 6 fM).
14. Rd: Jede fM verdoppeln (= 12 fM).
15. Rd: Jede 2. fM verdoppeln (= 18 fM).
16.+17. Rd: Jeweils 18 fM häkeln.
18. Rd: Jede 2. und 3. fM zusammen abmaschen (= 12 fM).
19. Rd: Immer 2 fM zusammen abmaschen (= 6 fM).
Das Teil beenden, den Faden mit ca. 10 cm Länge abschneiden. Nun Kopf und Körper mit Füllwatte ausstopfen und anschließend die Öffnung mit Hilfe des Fadens schließen.

Ohr (2x)

In Beige 2 Lm anschl und 4 fM in die 2. M von der Nd aus häkeln. Mit 1 Km zur Rd schließen und in Spiral-Rd häkeln.
1. Rd: Jede fM verdoppeln (= 8 fM).
2. Rd: 8 fM häkeln.
Das Teil beenden, den Faden mit ca. 10 cm Länge abschneiden. Nun das Ohr flach drücken und mit Hilfe des Fadens am Kopf annähen.
Das 2. Ohr genauso arb und an der anderen Seite des Kopfes annähen.

Schnauze

In Beige 2 Lm anschl und 5 fM in die 2. M von der Nd aus häkeln. Mit 1 Km zur Rd schließen und in Spiral-Rd häkeln.
1. Rd: Jede fM verdoppeln (= 10 fM).
2. Rd: 10 fM häkeln.
3. Rd: Jede 2. fM verdoppeln (= 15 fM).
4. Rd: Jede 3. fM verdoppeln (= 20 fM).
Das Teil beenden, den Faden mit ca. 10 cm Länge abschneiden. Nun die Schnauze mit etwas Füllwatte ausstopfen und anschließend mit Hilfe des Fadens am Kopf annähen.

Fertigstellen

Die Perlen als Augen annähen und den Schlüsselring am Kopf annähen. Kurze Stickgarnfäden in Beige als Stacheln einknüpfen und verknoten. Den Pompon als Nase annähen und die Augenbrauen mit Stickgarn in Schwarz aufsticken.

Kleines Reh mit großen Träumen

wann wirst du zum Hirsch?

GRÖSSE
ca. 5,5 cm

MATERIAL
- Anchor Sticktwist in Braun (Fb 309), 2 Stränge, in Beige (Fb 372), Schwarz (Fb 403) und Weiß (Fb 01), Reste
- Häkelnadel 1,25 mm
- Füllwatte
- 2 Glaswachsperlen in Schwarz, ø 4 mm
- Schlüsselring

Anleitung

Kopf und Körper

In Braun 2 Lm anschl und 6 fM in die 2. M von der Nd aus häkeln. Mit 1 Km zur Rd schließen und in Spiral-Rd häkeln.

1. Rd: Jede fM verdoppeln (= 12 fM).
2. Rd: Jede 2. fM verdoppeln (= 18 fM).
3. Rd: Jede 3. fM verdoppeln (= 24 fM).
4. Rd: Jede 4. fM verdoppeln (= 30 fM).
5.-9. Rd: Jeweils 30 fM häkeln.
10. Rd: Jede 4. und 5. fM zusammen abmaschen (= 24 fM).
11. Rd: Jede 3. und 4. fM zusammen abmaschen (= 18 fM).
12. Rd: Jede 2. und 3. fM zusammen abmaschen (= 12 fM).
13. Rd: Immer 2 fM zusammen abmaschen (= 6 fM).
14. Rd: Jede fM verdoppeln (= 12 fM).
15. Rd: 12 fM häkeln.
16. Rd: Jede 2. fM verdoppeln (= 18 fM).
17.+18. Rd: Jeweils 18 fM häkeln.
19. Rd: Jede 2. und 3. fM zusammen abmaschen (= 12 fM).
20. Rd: Immer 2 fM zusammen abmaschen (= 6 fM).
Das Teil beenden, den Faden mit ca. 10 cm Länge abschneiden. Nun Kopf und Körper mit Füllwatte ausstopfen und anschließend die Öffnung mit Hilfe des Fadens schließen.

Schnauze

In Beige 2 Lm anschl und 5 fM in die 2. M von der Nd aus häkeln. Mit 1 Km zur Rd schließen und in Spiral-Rd häkeln.
1. Rd: Jede fM verdoppeln (= 10 fM).
2. Rd: 10 fM häkeln.
3. Rd: Jede 2. fM verdoppeln (= 15 fM).
Das Teil beenden, den Faden mit ca. 10 cm Länge abschneiden. Nun die Schnauze mit etwas Füllwatte ausstopfen und mit Hilfe des Fadens in der unteren Mitte des Kopfes annähen.

Ohr (2x)

In Braun 2 Lm anschl und 4 fM in die 2. M von der Nd aus häkeln. Mit 1 Km zur Rd schließen und in Spiral-Rd häkeln.
1. Rd: Jede fM verdoppeln (= 8 fM).
2. Rd: 8 fM häkeln.
3. Rd: Jede 2. fM verdoppeln (= 12 fM).
4. Rd: 12 fM häkeln.
5. Rd: Immer 2 fM zusammen abmaschen (= 6 fM).
Das Teil beenden, den Faden mit ca. 10 cm Länge abschneiden. Nun das Ohr flach drücken und mit Hilfe des Fadens am Kopf annähen.
Das 2. Ohr genauso arb und an der anderen Seite des Kopfes annähen.

Bauchfleck

In Weiß 2 Lm anschl und 4 fM in die 2. M von der Nd aus häkeln. Mit 1 Km zur Rd schließen. In der nächsten Rd alle fM verdoppeln (= 8 fM). Das Teil beenden, den Faden mit ca. 10 cm Länge abschneiden. Nun den Fleck mittig am Vorderkörper des Rehs mit Hilfe des Fadens festnähen.

Schwanz

In Braun am Hinterteil neu anschlingen und 3 Lm und 1 Wende-Lm häkeln. Wenden und 3 fM zurückhäkeln. Den Faden abschneiden und gut vernähen.

Fertigstellen

Die Perlen als Augen annähen und den Schlüsselring am Kopf annähen. Mund, Nase und Augenbrauen mit Stickgarn in Schwarz aufsticken.

Schlaue Eule weiß Bescheid

Bücher kann man nie genug lesen

GRÖSSE
ca. 4,5 cm

MATERIAL
- Anchor Sticktwist in Dunkelbraun (Fb 358), 2 Stränge, in Braun (Fb 309), Weiß (Fb 01), Schwarz (Fb 403) und Gelb (Fb 290), Reste
- Häkelnadel 1,25 mm
- Füllwatte
- 2 Glaswachsperlen in Schwarz, ø 4 mm
- Schlüsselring

Anleitung

Kopf und Körper

In Dunkelbraun 2 Lm anschl und 6 fM in die 2. M von der Nd aus häkeln. Mit 1 Km zur Rd schließen und in Spiral-Rd häkeln.

1. Rd: Jede fM verdoppeln (= 12 fM).
2. Rd: Jede 2. fM verdoppeln (= 18 fM).
3. Rd: Jede 3. fM verdoppeln (= 24 fM).
4. Rd: Jede 4. fM verdoppeln (= 30 fM).
5.-9. Rd: Jeweils 30 fM häkeln.
10. Rd: Jede 4. und 5. fM zusammen abmaschen (= 24 fM).
11. Rd: Jede 3. und 4. fM zusammen abmaschen (= 18 fM).
12. Rd: Jede 2. und 3. fM zusammen abmaschen (= 12 fM).
13. Rd: Immer 2 fM zusammen abmaschen (= 6 fM).
14. Rd: Jede fM verdoppeln (= 12 fM).
15. Rd: Jede 2. fM verdoppeln (= 18 fM).
16.+17. Rd: Jeweils 18 fM häkeln.
18. Rd: Jede 2. und 3. fM zusammen abmaschen (= 12 fM).
19. Rd: Immer 2 fM zusammen abmaschen (= 6 fM).

Das Teil beenden, den Faden mit ca. 10 cm Länge abschneiden. Nun Kopf und Körper mit Füllwatte ausstopfen und anschließend mit Hilfe des Fadens schließen.

Bauchfleck

In Braun 2 Lm anschl und 6 fM in die 2. M von der Nd aus häkeln. Mit 1 Km zur Rd schließen. In der nächsten Rd jede fM verdoppeln (= 12 fM). Das Teil beenden, den Faden mit ca. 10 cm Länge abschneiden. Den Fleck mit Hilfe des Fadens auf dem Bauch der Eule annähen.

Augenring (2x)

In Weiß 2 Lm anschl und 5 fM in die 2. M von der Nd aus häkeln. Mit 1 Km zur Rd schließen und in Spiral-Rd häkeln.

1. Rd: Jede fM verdoppeln (= 10 fM).
2. Rd (Braun): Jede 2. fM verdoppeln (= 15 fM).

Das Teil beenden, den Faden mit ca. 10 cm Länge abschneiden. Den 2. Augenring genauso häkeln.
Nun die beiden Augenringe jeweils mit Hilfe des Fadens dort annähen, wo später die Augen angebracht werden sollen.

Flügel (2x)

In Dunkelbraun 2 Lm anschl und 5 fM in die 2. M von der Nd aus häkeln. Mit 1 Km zur Rd schließen und in Spiral-Rd häkeln.

1. Rd: Jede fM verdoppeln (= 10 fM).
2. Rd: Jede 2. fM verdoppeln (= 15 fM).
3. Rd: 15 fM häkeln.
4. Rd: Jede 2. und 3. fM zusammen abmaschen (= 10 fM).
5. Rd: Immer 2 fM zusammen abmaschen (= 5 fM).

Das Teil beenden, den Faden mit ca. 10 cm Länge abschneiden. Nun den Flügel flach drücken und mit Hilfe des Fadens seitlich am Körper annähen.
Den 2. Flügel genauso arb und an der anderen Seite des Körpers annähen.

Schnabel

In Gelb 2 Lm anschl und 4 fM in die 2. M von der Nd aus häkeln. Mit 1 Km zur Rd schließen und in Spiral-Rd häkeln.

1. Rd: Jede fM verdoppeln (= 8 fM).
2. Rd: 8 fM häkeln.

Das Teil beenden, den Faden mit ca. 10 cm Länge abschneiden. Den Schnabel mit etwas Füllwatte ausstopfen und mit Hilfe des Fadens zwischen den Augenringen annähen.

Fertigstellen

Die Perlen als Augen annähen und den Schlüsselring am Kopf annähen. Einige kurze Fäden Stickgarn in Dunkelbraun als Ohren einknüpfen und verknoten.

Echte Eichhörnchen-Power

hat noch jede Nuss geknackt

GRÖSSE

ca. 4,5 cm

MATERIAL

- Anchor Sticktwist in Braun (Fb 309), 2 Stränge und in Schwarz (Fb 403), Rest
- Häkelnadel 1,25 mm
- Füllwatte
- 2 Glaswachsperlen in Schwarz, ø 4 mm
- Schlüsselring

Anleitung

Kopf und Körper

In Braun 2 Lm anschl und 6 fM in die 2. M von der Nd aus häkeln. Mit 1 Km zur Rd schließen und in Spiral-Rd häkeln.

1. Rd: Jede fM verdoppeln (= 12 fM).
2. Rd: Jede 2. fM verdoppeln (= 18 fM).
3. Rd: Jede 3. fM verdoppeln (= 24 fM).
4. Rd: Jede 4. fM verdoppeln (= 30 fM).
5.-9. Rd: Jeweils 30 fM häkeln.
10. Rd: Jede 4. und 5. fM zusammen abmaschen (= 24 fM).
11. Rd: Jede 3. und 4. fM zusammen abmaschen (= 18 fM).
12. Rd: Jede 2. und 3. fM zusammen abmaschen (= 12 fM).
13. Rd: Immer 2 fM zusammen abmaschen (= 6 fM).
14. Rd: Jede fM verdoppeln (= 12 fM).
15. Rd: Jede 2. fM verdoppeln (= 18 fM).
16.+17. Rd: Jeweils 18 fM häkeln.
18. Rd: Jede 2. und 3. fM zusammen abmaschen (= 12 fM).
19. Rd: Immer 2 fM zusammen abmaschen (= 6 fM).

Das Teil beenden, den Faden mit ca. 10 cm Länge abschneiden. Nun Kopf und Körper mit Füllwatte ausstopfen und anschließend die Öffnung mit Hilfe des Fadens schließen.

Schnauze

In Braun 2 Lm anschl und 5 fM in die 2. M von der Nd aus häkeln. Mit 1 Km zur Rd schließen und in Spiral-Rd häkeln.

1. Rd: Jede fM verdoppeln (= 10 fM).
2. Rd: 10 fM häkeln.

Das Teil beenden, den Faden mit ca. 10 cm Länge abschneiden. Die Schnauze mit etwas Füllwatte ausstopfen und anschließend mit Hilfe des Fadens in der unteren Mitte des Kopfes annähen.

Schwanz

In Braun 2 Lm anschl und 6 fM in die 2. M von der Nd aus häkeln. Mit 1 Km zur Rd schließen und in Spiral-Rd häkeln.

1. Rd: Jede fM verdoppeln (= 12 fM).
2.-11. Rd: Jeweils 12 fM häkeln.
12. Rd: Immer 2 fM zusammen abmaschen (= 6 fM).

Das Teil beenden, den Faden mit ca. 10 cm Länge abschneiden. Den Schwanz mit etwas Füllwatte ausstopfen und anschließend mit Hilfe des Fadens am Hinterteil des Eichhörnchens annähen. Damit eine leichte Biegung entsteht, den Schwanz auch etwas am Kopf annähen.

Fertigstellen

Die Perlen als Augen annähen und den Schlüsselring am Kopf annähen. Einige kurze Fäden Stickgarn in Braun als Ohren einknüpfen und verknoten. Mund, Nase und Augenbrauen mit Stickgarn in Schwarz aufsticken.

Süßer Marienkäfer

kleines Krabbeltier bringt großes Glück

GRÖSSE

ca. 4,5 cm

MATERIAL

- Anchor Sticktwist in Schwarz (Fb 403), 1½ Stränge, in Beige (Fb 372) und Rot (Fb 334), Reste
- Häkelnadel 1,25 mm
- Füllwatte
- 2 Glaswachsperlen in Schwarz, ø 4 mm
- Pompon in Rot, ø 7 mm
- 4 cm Lackdraht in Schwarz
- Schlüsselring

Anleitung

Kopf und Körper

In Schwarz 2 Lm anschl und 6 fM in die 2. M von der Nd aus häkeln. Mit 1 Km zur Rd schließen und in Spiral-Rd häkeln.

1. Rd: Jede fM verdoppeln (= 12 fM).

2. Rd: Jede 2. fM verdoppeln (= 18 fM).

3. Rd: Jede 3. fM verdoppeln (= 24 fM).

4. Rd: Jede 4. fM verdoppeln (= 30 fM).

5.-9. Rd: Jeweils 30 fM häkeln.

10. Rd: Jede 4. und 5. fM zusammen abmaschen (= 24 fM).

11. Rd: Jede 3. und 4. fM zusammen abmaschen (= 18 fM).

12. Rd: Jede 2. und 3. fM zusammen abmaschen (= 12 fM).

13. Rd: Immer 2 fM zusammen abmaschen (= 6 fM).

14. Rd: Jede fM verdoppeln (= 12 fM).

15. Rd: Jede 2. fM verdoppeln (= 18 fM).

16.+17. Rd: Jeweils 18 fM häkeln.

18. Rd: Jede 2. und 3. fM zusammen abmaschen (= 12 fM).

19. Rd: Immer 2 fM zusammen abmaschen (= 6 fM).

Das Teil beenden, den Faden mit ca. 10 cm Länge abschneiden. Nun Kopf und Körper mit Füllwatte ausstopfen und anschließend die Öffnung mit Hilfe des Fadens schließen.

Gesicht

In Beige 2 Lm anschl und 5 fM in die 2. M von der Nd aus häkeln. Mit 1 Km zur Rd schließen und in Spiral-Rd häkeln.

1. Rd: Jede fM verdoppeln (= 10 fM).

2. Rd: Jede 2. fM verdoppeln (= 15 fM).

3. Rd: Jede 3. fM verdoppeln (= 20 fM).

4. Rd: Jede 4. fM verdoppeln (= 25 fM).

Das Teil beenden, den Faden mit ca. 10 cm Länge abschneiden. Mit Hilfe des Fadens das Gesicht mittig auf dem vorderen Kopf annähen.

Flügel (2x)

In Rot 2 Lm anschl und 6 fM in die 2. M von der Nd aus häkeln. Mit 1 Km zur Rd schließen. In der nächsten Rd jede M verdoppeln (= 12 fM). Das Teil beenden, den Faden mit ca. 10 cm Länge abschneiden. Einen 2. Flügel häkeln und beide Flügel mit Hilfe des Fadens am Rücken annähen.

Fertigstellen

Die Perlen als Augen annähen und den Schlüsselring am Kopf annähen. Den roten Pompon als Nase annähen. Augenbrauen und Mund mit Stickgarn in Schwarz aufsticken. Den Lackdraht vorsichtig durch die M am Oberkopf schieben und als Fühler zurechtbiegen.

Kommt ein Vogel geflogen

es pfeifen die Spatzen von den Dächern

GRÖSSE

ca. 4,0 cm

MATERIAL

- Anchor Sticktwist in Hellblau (Fb 129), 1½ Stränge, in Gelb (Fb 290), Weiß (Fb 01) und Schwarz (Fb 403), Reste
- Häkelnadel 1,25 mm
- Füllwatte
- 2 Glaswachsperlen in Schwarz, ø 4 mm
- Schlüsselring

Anleitung

Kopf und Körper

In Hellblau 2 Lm anschl und 6 fM in die 2. M von der Nd aus häkeln. Mit 1 Km zur Rd schließen und in Spiral-Rd häkeln.

1. Rd: Jede fM verdoppeln (= 12 fM).

2. Rd: Jede 2. fM verdoppeln (= 18 fM).

3. Rd: Jede 3. fM verdoppeln (= 24 fM).

4. Rd: Jede 4. fM verdoppeln (= 30 fM).

5.-9. Rd: Jeweils 30 fM häkeln.

10. Rd: Jede 4. und 5. fM zusammen abmaschen (= 24 fM).

11. Rd: Jede 3. und 4. fM zusammen abmaschen (= 18 fM).

12. Rd: Jede 2. und 3. fM zusammen abmaschen (= 12 fM).

13. Rd: Immer 2 fM zusammen abmaschen (= 6 fM).

14. Rd: Jede fM verdoppeln (= 12 fM).

15. Rd: Jede 2. fM verdoppeln (= 18 fM).

16.+17. Rd: Jeweils 18 fM häkeln.

18. Rd: Jede 2. und 3. fM zusammen abmaschen (= 12 fM).

19. Rd: Immer 2 fM zusammen abmaschen (= 6 fM).

Das Teil beenden, den Faden mit ca. 10 cm Länge abschneiden. Nun Kopf und Körper mit Füllwatte ausstopfen und anschließend die Öffnung mit Hilfe des Fadens schließen.

Flügel (2x)

In Hellblau 2 Lm anschl und 5 fM in die 2. M von der Nd aus häkeln. Mit 1 Km zur Rd schließen und in Spiral-Rd häkeln.

1. Rd: Jede fM verdoppeln (= 10 fM).

2.+3. Rd: Jeweils 10 fM häkeln.

4. Rd: Immer 2 fM zusammen abmaschen (= 5 fM).

Das Teil beenden, den Faden mit ca. 10 cm Länge abschneiden. Nun den Flügel flach drücken und mit Hilfe des Fadens seitlich am Körper annähen.

Den 2. Flügel genauso arb und an der anderen Seite des Körpers annähen.

Schwanz

In Hellblau 1 Lm und 4 Lm (als Ersatz für das 1. DStb) anschl. 5 DStb in die Anfangs-Lm häkeln und mit 1 Km in die Anfangs-Lm enden. Den Faden mit ca. 10 cm Länge abschneiden und den Schwanz am Hinterteil des Vogels annähen.

Schnabel

In Gelb 2 Lm anschl und 4 fM in die 2. M von der Nd aus häkeln. Mit 1 Km zur Rd schließen und in Spiral-Rd häkeln.

1. Rd: Jede fM verdoppeln (= 8 fM).

2. Rd: 8 fM häkeln.

Das Teil beenden, den Faden mit ca. 10 cm Länge abschneiden. Nun den Schnabel etwas mit Füllwatte ausstopfen und mit Hilfe des Faden mittig am Kopf annähen.

Bauchfleck

In Weiß 2 Lm anschl und 5 fM in die 2. M von der Nd aus häkeln. Mit 1 Km zur Rd schließen. In der nächsten Rd jede fM verdoppeln (= 10 fM). Das Teil beenden, den Faden mit ca. 10 cm Länge abschneiden. Den Bauchfleck mittig am Körper des Vogels annähen.

Fertigstellen

Die Perlen als Augen annähen und den Schlüsselring am Kopf annähen. Die Augenbrauen mit Stickgarn in Schwarz aufsticken.

Happy Hippo

kleines Nilpferd mit hübschen Kurven

GRÖSSE
ca. 4,0 cm

MATERIAL

- Anchor Sticktwist in Grau (Fb 398), 2 Stränge und in Schwarz (Fb 403), Rest
- Häkelnadel 1,25 mm
- Füllwatte
- 2 Glaswachsperlen in Schwarz, ø 4 mm
- Schlüsselring

Anleitung

Kopf und Körper

In Grau 2 Lm anschl und 6 fM in die 2. M von der Nd aus häkeln. Mit 1 Km zur Rd schließen und in Spiral-Rd häkeln.

1. Rd: Jede fM verdoppeln (= 12 fM).
2. Rd: Jede 2. fM verdoppeln (= 18 fM).
3. Rd: Jede 3. fM verdoppeln (= 24 fM).
4. Rd: Jede 4. fM verdoppeln (= 30 fM).
5.-9. Rd: Jeweils 30 fM häkeln.
10. Rd: Jede 4. und 5. fM zusammen abmaschen (= 24 fM).
11. Rd: Jede 3. und 4. fM zusammen abmaschen (= 18 fM).
12. Rd: Jede 2. und 3. fM zusammen abmaschen (= 12 fM).
13. Rd: Immer 2 fM zusammen abmaschen (= 6 fM).
14. Rd: Jede fM verdoppeln (= 12 fM).
15. Rd: Jede 2. fM verdoppeln (= 18 fM).
16.+17. Rd: Jeweils 18 fM häkeln.
18. Rd: Jede 2. und 3. fM zusammen abmaschen (= 12 fM).
19. Rd: Immer 2 fM zusammen abmaschen (= 6 fM).

Das Teil beenden, den Faden mit ca. 10 cm Länge abschneiden. Nun Kopf und Körper mit Füllwatte ausstopfen. Anschließend die Öffnung mit Hilfe des Fadens schließen.

Maul

In Grau 2 Lm anschl und 6 fM in die 2. M von der Nd aus häkeln. Mit 1 Km zur Rd schließen und in Spiral-Rd häkeln.

1. Rd: Jede fM verdoppeln (= 12 fM).
2. Rd: Jede 2. fM verdoppeln (= 18 fM).
3. Rd: Jede 3. fM verdoppeln (= 24 fM).
4. Rd: 24 fM häkeln.
5. Rd: Jede 3. und 4. fM zusammen abmaschen (= 18 fM).

Das Teil beenden, den Faden mit ca. 15 cm Länge abschneiden. Nun das Maul mit Hilfe des Fadens zur Hälfte am Kopf annähen, mit etwas Füllwatte ausstopfen und dann die restliche Öffnung schließen.

Ohr (2x)

In Grau 2 Lm anschl und 4 fM in die 2. M von der Nd aus häkeln. Mit 1 Km zur Rd schließen und in Spiral-Rd häkeln.

1. Rd: Jede fM verdoppeln (= 8 fM).
2. Rd: 8 fM häkeln.

Das Teil beenden, den Faden mit ca. 10 cm Länge abschneiden. Nun das Ohr flach drücken und mit Hilfe des Fadens am Kopf annähen.

Das 2. Ohr genauso arb und an der anderen Seite des Kopfes annähen.

Fertigstellen

Die Perlen als Augen annähen und den Schlüsselring am Kopf annähen. Ein ca. 3 cm langes Stück Stickgarn in Grau als Schwanz einknüpfen und verknoten. Mund, Nasenlöcher und Augenbrauen mit Stickgarn in Schwarz aufsticken.

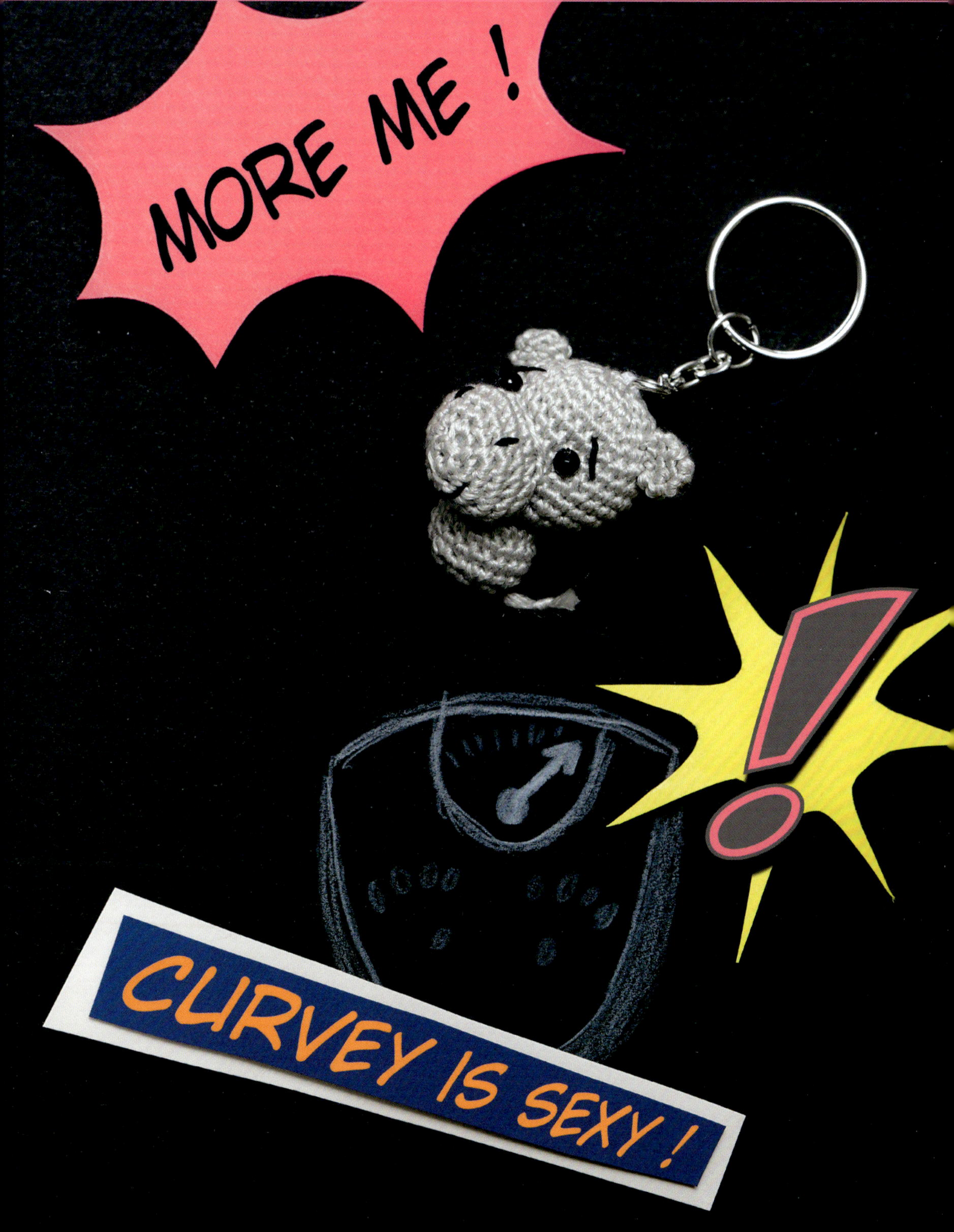
MORE ME !
CURVEY IS SEXY !

Panda-Bär liebt das Feiern

kleiner Bär mit Augen-Ringen

GRÖSSE
ca. 4,0 cm

MATERIAL
- Anchor Sticktwist in Weiß (Fb 01) und in Schwarz (Fb 403), je 1½ Stränge
- Häkelnadel 1,25 mm
- Füllwatte
- 2 Glaswachsperlen in Schwarz, ø 4 mm
- Schlüsselring

Anleitung
Kopf und Körper
In Weiß 2 Lm anschl und 6 fM in die 2. M von der Nd aus häkeln. Mit 1 Km zur Rd schließen und in Spiral-Rd häkeln.
1. Rd: Jede fM verdoppeln (= 12 fM).
2. Rd: Jede 2. fM verdoppeln (= 18 fM).
3. Rd: Jede 3. fM verdoppeln (= 24 fM).
4. Rd: Jede 4. fM verdoppeln (= 30 fM).
5.-9. Rd: Jeweils 30 fM häkeln.
10. Rd: Jede 4. und 5. fM zusammen abmaschen (= 24 fM).
11. Rd: Jede 3. und 4. fM zusammen abmaschen (= 18 fM).
12. Rd: Jede 2. und 3. fM zusammen abmaschen (= 12 fM).
13. Rd: Immer 2 fM zusammen abmaschen (= 6 fM).
14. Rd (Schwarz): Jede fM verdoppeln (= 12 fM).
15. Rd: Jede 2. fM verdoppeln (= 18 fM).
16. Rd: 18 fM häkeln.
17. Rd (Weiß): 18 fM häkeln.
18. Rd: Jede 2. und 3. fM zusammen abmaschen (= 12 fM).
19. Rd: Immer 2 fM zusammen abmaschen (= 6 fM).
Das Teil beenden, den Faden mit ca. 10 cm Länge abschneiden. Nun Kopf und Körper mit Füllwatte ausstopfen und anschließend die Öffnung mit Hilfe des Fadens schließen.

Schnauze
In Weiß 2 Lm anschl und 5 fM in die 2. M von der Nd aus häkeln. Mit 1 Km zur Rd schließen und in Spiral-Rd häkeln.
1. Rd: Jede fM verdoppeln (= 10 fM).
2. Rd: 10 fM häkeln.
Das Teil beenden, den Faden mit ca. 10 cm Länge abschneiden. Nun mit Hilfe des Fadens die Schnauze zur Hälfte mittig am Kopf annähen, mit etwas Füllwatte ausstopfen und anschließend die Öffnung schließen.

Ohr (2x)
In Schwarz 2 Lm anschl und 5 fM in die 2. M von der Nd aus häkeln. Mit 1 Km zur Rd schließen und in Spiral-Rd häkeln.
1. Rd: Jede fM verdoppeln (= 10 fM).
2.+3. Rd: 10 fM häkeln.
Das Teil beenden, den Faden mit ca. 10 cm Länge abschneiden. Nun das Ohr flach drücken und mit Hilfe des Fadens am Kopf annähen.
Das 2. Ohr genauso arb und an der anderen Seite des Kopfes annähen.

Augenfleck (2x)
In Schwarz 2 Lm anschl und 5 fM in die 2. M von der Nd aus häkeln. Mit 1 Km zur Rd schließen. In der nächsten Rd jede fM verdoppeln (= 10 fM). Das Teil beenden, den Faden mit ca. 10 cm Länge abschneiden und den Augenfleck neben der Schnauze des Pandas, wo später das Auge sitzen soll, mit Hilfe des Fadens annähen.
Einen 2. Fleck häkeln und an der anderen Seite der Schnauze annähen.

Schwanz
In Schwarz 2 Lm anschl und 4 fM in die 2. M von der Nd aus häkeln. Mit 1 Km zur Rd schließen und in Spiral-Rd häkeln.
1. Rd: Jede fM verdoppeln (= 8 fM).
2. Rd: 8 fM häkeln.
Das Teil beenden, den Faden mit ca. 10 cm Länge abschneiden. Das Schwänzchen mit Hilfe des Fadens am Hinterteil des Pandas annähen.

Fertigstellen
Die Perlen als Augen annähen und den Schlüsselring am Kopf annähen. Nase, Mund und Augenbrauen mit Stickgarn in Schwarz aufsticken.

Giraffe hat alles im Blick

wo geht's lang?

GRÖSSE
ca. 5,0 cm

MATERIAL
- Anchor Sticktwist in Gelb (Fb 290), 2 Stränge, in Braun (Fb 309), ½ Strang und in Schwarz (Fb 403), Rest
- Häkelnadel 1,25 mm
- Füllwatte
- 2 Glaswachsperlen in Schwarz, ø 4 mm
- Schlüsselring

Anleitung

Kopf und Körper

In Gelb 2 Lm anschl und 6 fM in die 2. M von der Nd aus häkeln. Mit 1 Km zur Rd schließen und in Spiral-Rd häkeln.

1. Rd: Jede fM verdoppeln (= 12 fM).
2. Rd: Jede 2. fM verdoppeln (= 18 fM).
3. Rd: Jede 3. fM verdoppeln (= 24 fM).
4. Rd: Jede 4. fM verdoppeln (= 30 fM).
5.-9. Rd: Jeweils 30 fM häkeln.
10. Rd: Jede 4. und 5. fM zusammen abmaschen (= 24 fM).
11. Rd: Jede 3. und 4. fM zusammen abmaschen (= 18 fM).
12. Rd: Jede 2. und 3. fM zusammen abmaschen (= 12 fM).
13. Rd: Immer 2 fM zusammen abmaschen (= 6 fM).
14. Rd: Jede fM verdoppeln (= 12 fM).
15.-17. Rd: Jeweils 12 fM häkeln.
18. Rd: Jede 2. fM verdoppeln (= 18 fM).
19.+20. Rd: Jeweils 18 fM häkeln.
21. Rd: Jede 2. und 3. fM zusammen abmaschen (= 12 fM).
22. Rd: Immer 2 fM zusammen abmaschen (= 6 fM).
Das Teil beenden, den Faden mit ca. 10 cm Länge abschneiden. Nun Kopf und Körper mit Füllwatte ausstopfen und anschließend die Öffnung mit Hilfe des Fadens schließen.

Schnauze

In Gelb 2 Lm anschl und 5 fM in die 2. M von der Nd aus häkeln. Mit 1 Km zur Rd schließen und in Spiral-Rd häkeln.
1. Rd: Jede fM verdoppeln (= 10 fM).
2. Rd: Jede 2. fM verdoppeln (= 15 fM).
3.+4. Rd: Jeweils 15 fM häkeln.
Das Teil beenden, den Faden mit ca. 10 cm Länge abschneiden. Nun die Schnauze mit Hilfe des Fadens zur Hälfte am Kopf annähen, mit etwas Füllwatte ausstopfen und die restliche Öffnung schließen.

Ohr (2x)

In Gelb 2 Lm anschl und 4 fM in die 2. M von der Nd aus häkeln. Mit 1 Km zur Rd schließen und in Spiral-Rd häkeln.
1. Rd: Jede fM verdoppeln (= 8 fM).
2. Rd: 8 fM häkeln.
3. Rd: Jede 2. fM verdoppeln (= 12 fM).
4.+5. Rd: Jeweils 12 fM häkeln.
Das Teil beenden, den Faden mit ca. 10 cm Länge abschneiden. Nun das Ohr flach drücken und mit Hilfe des Fadens am Kopf annähen.
Das 2. Ohr genauso arb und an der anderen Seite des Kopfes annähen.

Horn (2x)

In Braun 2 Lm anschl und 5 fM in die 2. M von der Nd aus häkeln. Mit 1 Km zur Rd schließen und in Spiral-Rd häkeln.
1. Rd: Jede fM verdoppeln (= 10 fM).
2.+3. Rd: Jeweils 10 fM häkeln.
4. Rd: Immer 2 fM zusammen abmaschen (= 5 fM).
Das Teil beenden, den Faden mit ca. 10 cm Länge abschneiden. Das Horn mit etwas Füllwatte ausstopfen und am Kopf annähen. Das 2. Horn genauso arb und ebenfalls annähen.

Fleck

In Braun 2 Lm anschl und 5 fM in die 2. M von der Nd aus häkeln. Mit 1 Km zur Rd schließen. In der nächsten Rd jede M verdoppeln (= 10 M). Das Teil beenden, den Faden mit ca. 10 cm Länge abschneiden. Nun den kleinen Fleck seitlich am Körper mit Hilfe des Fadens annähen.

Fertigstellen

Die Perlen als Augen annähen und den Schlüsselring am Kopf annähen. Für den Schwanz aus Stickgarn in Braun eine kleine Kordel drehen und am Hinterteil der Giraffe annähen. Mund, Nasenlöcher und Augenbrauen mit Stickgarn in Schwarz aufsticken.

Elefantastisch

für kleine Freunde mit echter Größe

GRÖSSE
ca. 4,5 cm

MATERIAL

• Anchor Sticktwist
in Grau (Fb 398),
2 Stränge und in
Schwarz (Fb 403),
Rest

• Häkelnadel 1,25 mm

• Füllwatte

• 2 Glaswachsperlen
in Schwarz, ø 4 mm

• Schlüsselring

Anleitung

Kopf und Körper

In Grau 2 Lm anschl und 6 fM in die 2. M von der Nd aus häkeln. Mit 1 Km zur Rd schließen und in Spiral-Rd häkeln.

1. Rd: Jede fM verdoppeln (= 12 fM).

2. Rd: Jede 2. fM verdoppeln (= 18 fM).

3. Rd: Jede 3. fM verdoppeln (= 24 fM).

4. Rd: Jede 4. fM verdoppeln (= 30 fM).

5.-9. Rd: Jeweils 30 fM häkeln.

10. Rd: Jede 4. und 5. fM zusammen abmaschen (= 24 fM).

11. Rd: Jede 3. und 4. fM zusammen abmaschen (= 18 fM).

12. Rd: Jede 2. und 3. fM zusammen abmaschen (= 12 fM).

13. Rd: Immer 2 fM zusammen abmaschen (= 6 fM).

14. Rd: Jede fM verdoppeln (= 12 fM).

15. Rd: Jede 2. fM verdoppeln (= 18 fM).

16.+17. Rd: Jeweils 18 fM häkeln.

18. Rd: Jede 2. und 3. fM zusammen abmaschen (= 12 fM).

19. Rd: Immer 2 fM zusammen abmaschen (= 6 fM).

Das Teil beenden, den Faden mit ca. 10 cm Länge abschneiden. Nun Kopf und Körper mit Füllwatte ausstopfen und anschließend die Öffnung mit Hilfe des Fadens schließen.

Rüssel

In Grau 2 Lm anschl und 4 fM in die 2. M von der Nd aus häkeln. Mit 1 Km zur Rd schließen und in Spiral-Rd häkeln.

1. Rd: Jede fM verdoppeln (= 8 fM).

2.+3. Rd: Jeweils 8 fM häkeln.

4. Rd: Jede 2. fM verdoppeln (= 12 fM).

5. Rd: 12 fM häkeln.

Das Teil beenden, den Faden mit ca. 10 cm Länge abschneiden. Den Rüssel mit wenig Füllwatte ausstopfen und mit Hilfe des Fadens mittig vorne am Kopf annähen.

Ohr (2x)

In Grau 2 Lm anschl und 5 fM in die 2. M von der Nd aus häkeln. Mit 1 Km zur Rd schließen und in Spiral-Rd häkeln.

1. Rd: Jede fM verdoppeln (= 10 fM).

2. Rd: Jede 2. fM verdoppeln (= 15 fM).

3. Rd: Jede 3. fM verdoppeln (= 20 fM).

4. Rd: 20 fM häkeln.

5. Rd: Jede 3. und 4. fM zusammen abmaschen (= 15 fM).

6. Rd: Jede 2. und 3. fM zusammen abmaschen (= 10 fM).

Das Teil beenden, den Faden mit ca. 10 cm Länge abschneiden. Nun das Ohr flach drücken und mit Hilfe des Fadens am Kopf annähen.

Das 2. Ohr genauso arb und an der anderen Seite des Kopfes annähen.

Fertigstellen

Die Perlen als Augen annähen und den Schlüsselring am Kopf annähen. Als Schwanz ein kleines Stück Stickgarn in Grau einknüpfen und verknoten. Augenbrauen und Mund mit Stickgarn in Schwarz aufsticken.

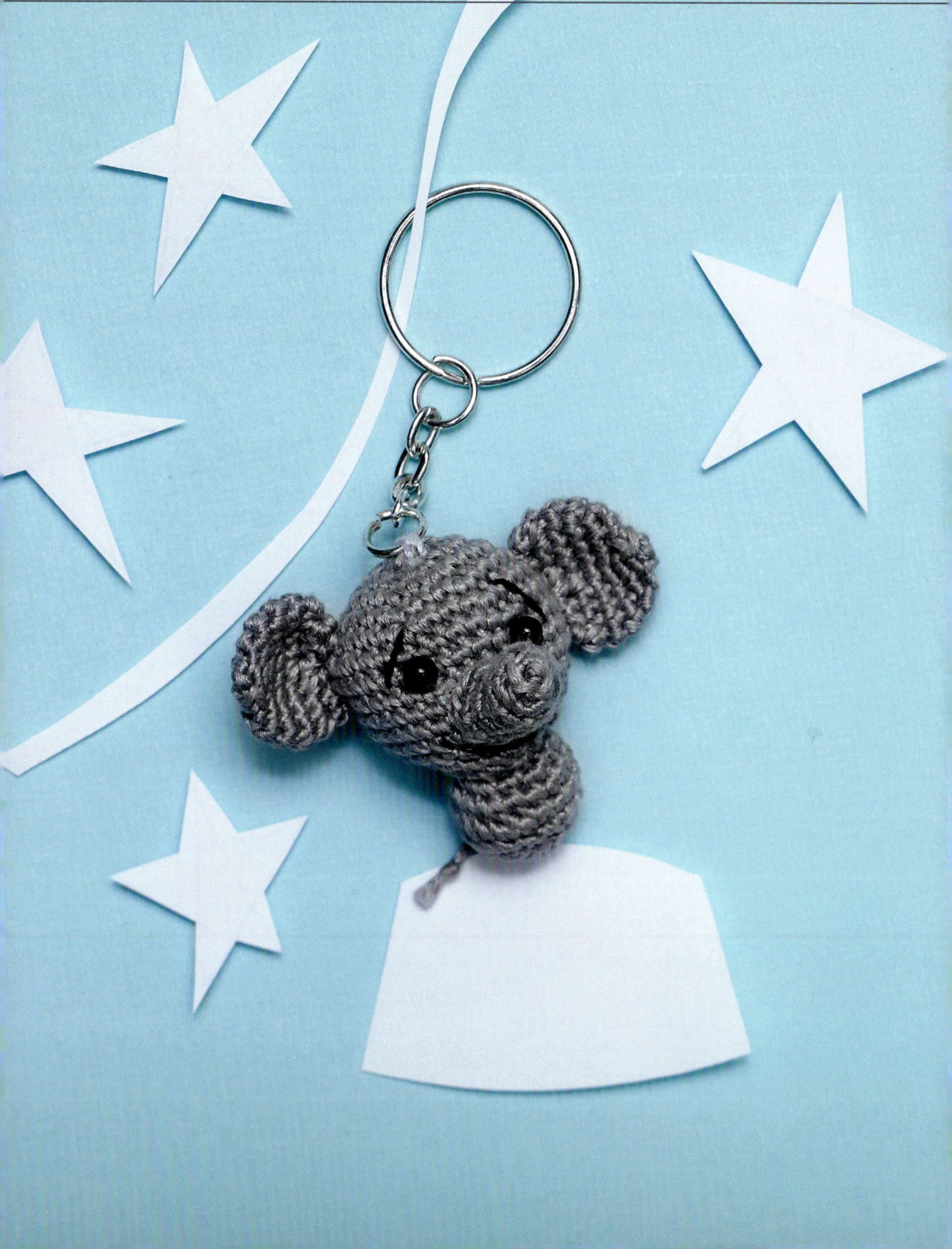

A wie Affe

Wer hat die Kokosnuss geklaut?

GRÖSSE
ca. 4,0 cm

MATERIAL
- Anchor Sticktwist in Dunkelbraun (Fb 360), 2 Stränge, in Beige (Fb 372) und Schwarz (Fb 403), Reste
- Häkelnadel 1,25 mm
- Füllwatte
- 2 Glaswachsperlen in Schwarz, ø 4 mm
- Schlüsselring
- Chenilledraht, 4,5 cm lang

Anleitung

Kopf und Körper

In Dunkelbraun 2 Lm anschl und 6 fM in die 2. M von der Nd aus häkeln. Mit 1 Km zur Rd schließen und in Spiral-Rd häkeln.
1. Rd: Jede fM verdoppeln (= 12 fM).
2. Rd: Jede 2. fM verdoppeln (= 18 fM).
3. Rd: Jede 3. fM verdoppeln (= 24 fM).
4. Rd: Jede 4. fM verdoppeln (= 30 fM).
5.-9. Rd: Jeweils 30 fM häkeln.
10. Rd: Jede 4. und 5. fM zusammen abmaschen (= 24 fM).
11. Rd: Jede 3. und 4. fM zusammen abmaschen (= 18 fM).
12. Rd: Jede 2. und 3. fM zusammen abmaschen (= 12 fM).
13. Rd: Immer 2 fM zusammen abmaschen (= 6 fM).
14. Rd: Jede fM verdoppeln (= 12 fM).
15. Rd: Jede 2. fM verdoppeln (= 18 fM).
16.+17. Rd: Jeweils 18 fM häkeln.
18. Rd: Jede 2. und 3. fM zusammen abmaschen (= 12 fM).
19. Rd: Immer 2 fM zusammen abmaschen (= 6 fM).
Das Teil beenden, den Faden mit ca. 10 cm Länge abschneiden. Nun Kopf und Körper mit Füllwatte ausstopfen und anschließend die Öffnung mit Hilfe des Fadens schließen.

Ohr (2x)

In Dunkelbraun 2 Lm anschl und 5 fM in die 2. M von der Nd aus häkeln. Mit 1 Km zur Rd schließen und in Spiral-Rd häkeln.
1. Rd: Jede fM verdoppeln (= 10 fM).
2. Rd: 10 fM häkeln.
Das Teil beenden, den Faden mit ca. 10 cm Länge abschneiden. Nun das Ohr flach drücken und mit Hilfe des Fadens am Kopf annähen.
Das 2. Ohr genauso arb und an der anderen Seite des Kopfes annähen.

Schnauze

In Beige 2 Lm anschl und 6 fM in die 2. M von der Nd aus häkeln. Mit 1 Km zur Rd schließen und in Spiral-Rd häkeln.
1. Rd: Jede fM verdoppeln (= 12 fM).
2. Rd: Jede 2. fM verdoppeln (= 18 fM).
3. Rd: 18 fM häkeln.
Das Teil beenden, den Faden mit ca. 10 cm Länge abschneiden. Die Schnauze zur Hälfte am Kopf annähen, mit etwas Füllwatte ausstopfen und dann komplett annähen.

Schwanz

In Dunkelbraun 2 Lm anschl und 4 fM in die 2. M von der Nd aus häkeln. Mit 1 Km zur Rd schließen und in Spiral-Rd häkeln.
1. Rd: Jede fM verdoppeln (= 8 fM).
2.-16. Rd: Jeweils 8 fM häkeln.
Das Teil beenden, den Faden mit ca. 10 cm Länge abschneiden. Nun vorsichtig den Chenilledraht in den Schwanz schieben und den Schwanz mit Hilfe des Fadens am Hinterteil des Affen annähen.

Fertigstellen

Die Perlen als Augen annähen und den Schlüsselring am Kopf annähen. Mund, Nasenlöcher und Augenbrauen mit Stickgarn in Schwarz aufsticken.

Löwe auf Jobsuche

kleiner König

GRÖSSE

ca. 5,0 cm

MATERIAL

- Anchor Sticktwist in Hellbraun (Fb 363), 2 Stränge, in Dunkelbraun (Fb 358), 1 Strang und in Schwarz (Fb 403), Rest
- Häkelnadel 1,25 mm
- Füllwatte
- 2 Glaswachsperlen in Schwarz, ø 4 mm
- Schlüsselring
- Pompon in Schwarz, ø 7 mm

Anleitung

Kopf und Körper

In Hellbraun 2 Lm anschl und 6 fM in die 2. M von der Nd aus häkeln. Mit 1 Km zur Rd schließen und in Spiral-Rd häkeln.

1. Rd: Jede fM verdoppeln (= 12 fM).
2. Rd: Jede 2. fM verdoppeln (= 18 fM).
3. Rd: Jede 3. fM verdoppeln (= 24 fM).
4. Rd: Jede 4. fM verdoppeln (= 30 fM).
5.-9. Rd: Jeweils 30 fM häkeln.
10. Rd: Jede 4. und 5. fM zusammen abmaschen (= 24 fM).
11. Rd: Jede 3. und 4. fM zusammen abmaschen (= 18 fM).
12. Rd: Jede 2. und 3. fM zusammen abmaschen (= 12 fM).
13. Rd: Immer 2 fM zusammen abmaschen (= 6 fM).
14. Rd: Jede fM verdoppeln (= 12 fM).
15. Rd: Jede 2. fM verdoppeln (= 18 fM).
16.+17. Rd: Jeweils 18 fM häkeln.
18. Rd: Jede 2. und 3. fM zusammen abmaschen (= 12 fM).
19. Rd: Immer 2 fM zusammen abmaschen (= 6 fM).

Das Teil beenden, den Faden mit ca. 10 cm Länge abschneiden. Nun Kopf und Körper mit Füllwatte ausstopfen und anschließend die Öffnung mit Hilfe des Fadens schließen.

Schnauze

In Hellbraun 2 Lm anschl und 5 fM in die 2. M von der Nd aus häkeln. Mit 1 Km zur Rd schließen und in Spiral-Rd häkeln.

1. Rd: Jede fM verdoppeln (= 10 fM).
2.+3. Rd: Jeweils 10 fM häkeln.

Das Teil beenden, den Faden mit ca. 10 cm Länge abschneiden. Nun mit Hilfe des Fadens die Schnauze zur Hälfte mittig am Kopf annähen, mit etwas Füllwatte ausstopfen und die restliche Öffnung komplett schließen.

Ohr (2x)

In Hellbraun 2 Lm anschl und 4 fM in die 2. M von der Nd aus häkeln. Mit 1 Km zur Rd schließen. In der nächsten Rd jede fM verdoppeln (= 8 fM).

Das Teil beenden, den Faden mit ca. 10 cm Länge abschneiden. Nun das Ohr flach drücken und mit Hilfe des Fadens am Kopf annähen.

Das 2. Ohr genauso arb und an der anderen Seite des Kopfes annähen.

Fertigstellen

Die Perlen als Augen annähen und den Schlüsselring am Kopf annähen. Für die Mähne in Dunkelbraun einige Fäden von ca. 5 cm Länge am Hinterkopf des Löwen einknüpfen. Mit einer Drahtbürste vorsichtig durchkämmen. Für den Schwanz aus hellbraunem Stickgarn eine kleine Kordel drehen und am Hinterteil des Löwen annähen. Den schwarzen Pompon an der Spitze der Schnauze annähen. Augenbrauen und Mund mit Stickgarn in Schwarz aufsticken.

See you later alligator

after' while crocodile

GRÖSSE

ca. 4,0 cm

MATERIAL

- Anchor Sticktwist in Grün (Fb 241), 2 Stränge, in Dunkelgrün (Fb 262) und Schwarz (Fb 403), Reste
- Häkelnadel 1,25 mm
- Füllwatte
- 2 Glaswachsperlen in Schwarz, ø 4 mm
- Schlüsselring

Anleitung

Kopf und Körper

In Grün 2 Lm anschl und 6 fM in die 2. M von der Nd aus häkeln. Mit 1 Km zur Rd schließen und in Spiral-Rd häkeln.

1. Rd: Jede fM verdoppeln (= 12 fM).
2. Rd: Jede 2. fM verdoppeln (= 18 fM).
3. Rd: Jede 3. fM verdoppeln (= 24 fM).
4. Rd: Jede 4. fM verdoppeln (= 30 fM).
5.-9. Rd: Jeweils 30 fM häkeln.
10. Rd: Jede 4. und 5. fM zusammen abmaschen (= 24 fM).
11. Rd: Jede 3. und 4. fM zusammen abmaschen (= 18 fM).
12. Rd: Jede 2. und 3. fM zusammen abmaschen (= 12 fM).
13. Rd: Immer 2 fM zusammen abmaschen (= 6 fM).
14. Rd: Jede fM verdoppeln (= 12 fM).
15. Rd: Jede 2. fM verdoppeln (= 18 fM).
16.+17. Rd: Jeweils 18 fM häkeln.
18. Rd: Jede 2. und 3. fM zusammen abmaschen (= 12 fM).
19. Rd: Immer 2 fM zusammen abmaschen (= 6 fM).

Das Teil beenden, den Faden mit ca. 10 cm Länge abschneiden. Nun Kopf und Körper mit Füllwatte ausstopfen und anschließend die Öffnung mit Hilfe des Fadens schließen.

Maul

In Grün 2 Lm anschl und 5 fM in die 2. M von der Nd aus häkeln. Mit 1 Km zur Rd schließen und in Spiral-Rd häkeln.

1. Rd: Jede fM verdoppeln (= 10 fM).
2. Rd: Jede 2. fM verdoppeln (= 15 fM).
3.-6. Rd: Jeweils 15 fM häkeln.

Das Teil beenden, den Faden mit ca. 10 cm Länge abschneiden. Nun das Maul zur Hälfte leicht oval am Kopf annähen, mit etwas Füllwatte ausstopfen und die restliche Öffnung mit Hilfe des Fadens schließen.

Schwanz

In Grün 2 Lm anschl und 4 fM in die 2. M von der Nd aus häkeln. Mit 1 Km zur Rd schließen und in Spiral-Rd häkeln.

1. Rd: Jede fM verdoppeln (= 8 fM).
2. Rd: 8 fM häkeln.
3. Rd: Jede 2. fM verdoppeln (= 12 fM).
4.-6. Rd: Jeweils 12 fM häkeln.

Das Teil beenden, den Faden mit ca. 10 cm Länge abschneiden. Den Schwanz mit etwas Füllwatte ausstopfen und mit Hilfe des Fadens am Hinterteil des Krokodils annähen.

Fertigstellen

Die Perlen als Augen annähen und den Schlüsselring am Kopf annähen. Augenbrauen und Mund mit Stickgarn in Schwarz, Streifen und Punkte entlang des Körpers und des Schwanzes mit Stickgarn in Dunkelgrün aufsticken.

Esther Konrad, Jahrgang 1974, tobt sich gerne kreativ aus und ist dabei dem Häkeln verfallen. Vor allem gehäkelte „Kleinigkeiten" haben es ihr angetan, wobei sie sich gerne von der Natur und ihren Haustieren inspirieren lässt. Sie lebt mit ihrer Familie in Karlsruhe.

DANKE!

Wir danken der Firma MEZ GmbH für die Unterstützung bei diesem Buch:
MEZ GmbH, Kenzingen
www.mezcrafts.com

TOPP – Unsere Servicegarantie

WIR SIND FÜR SIE DA! Bei Fragen zu unserem umfangreichen Programm oder Anregungen freuen wir uns über Ihren Anruf oder Ihre Post. Loben Sie uns, aber scheuen Sie sich auch nicht, Ihre Kritik mitzuteilen — sie hilft uns, ständig besser zu werden.

Bei Fragen zu einzelnen Materialien oder Techniken wenden Sie sich bitte an unseren Kreativservice, Frau Erika Noll.
mail@kreativ-service.info
Telefon 07 11 / 12 37 57 20

Das Produktmanagement erreichen Sie unter:
pm@frechverlag.de
oder:
frechverlag
Produktmanagement
Turbinenstraße 7
70499 Stuttgart
Telefon 07 11 / 8 30 86 68

LERNEN SIE UNS BESSER KENNEN! Fragen Sie Ihren Hobbyfach- oder Buchhändler nach unserem kostenlosen Magazin **Meine kreative Welt**. Darin entdecken Sie dreimal im Jahr die neuesten Kreativtrends und interessantesten Buchneuheiten.

Oder besuchen Sie uns im Internet! Unter **www.topp-kreativ.de** können Sie sich über unser umfangreiches Buchprogramm informieren, unsere Autoren kennenlernen sowie aktuelle Highlights und neue Kreativtechniken entdecken, kurz — die ganze Welt der Kreativität.

Kreativ immer up to date sind Sie mit unserem monatlichen **Newsletter**. Für aktuelle Infos, Gratis-Anleitungen und Gewinnspiele gleich anmelden unter **www.TOPP-kreativ.de/Newsletter**

IMPRESSUM

FOTOS: frechverlag GmbH, 70839 Gerlingen; lichtpunkt, Michael Ruder, Stuttgart
PRODUKTMANAGEMENT: Mareike Upheber
LEKTORAT: Petra Puster, Niederpöcking
GESTALTUNG: Petra Theilfarth
DRUCK: POLYGRAF PRINT spol. s r.o.

9. Auflage 2023

© 2017 **frechverlag** GmbH, Dieselstraße 5, 70839 Gerlingen, einem Unternehmen der Penguin Random House Verlagsgruppe GmbH, München

ISBN 978-3-7724-6992-3 • Best.-Nr. 6992

MIX
Aus verantwortungsvollen Quellen
FSC® C023577

Penguin Random House Verlagsgruppe
FSC® N001967